中国人民大学"十四五"规划教材

邱靖嘉 —— 主编

正声新奏

新媒体时代的历史学

中华书局

图书在版编目(CIP)数据

　　正声新奏:新媒体时代的历史学/邱靖嘉主编. —北京:中华书局,2025.1. —ISBN 978-7-101-16769-6

　　Ⅰ. K-42

中国国家版本馆 CIP 数据核字第 20241NX958 号

书　　名	正声新奏:新媒体时代的历史学
主　　编	邱靖嘉
责任编辑	刘　方
装帧设计	刘　丽
责任印制	陈丽娜
出版发行	中华书局
	(北京市丰台区太平桥西里 38 号　100073)
	http://www.zhbc.com.cn
	E-mail:zhbc@zhbc.com.cn
印　　刷	北京中科印刷有限公司
版　　次	2025 年 1 月第 1 版
	2025 年 1 月第 1 次印刷
规　　格	开本/880×1230 毫米　1/32
	印张 9⅜　插页 2　字数 200 千字
印　　数	1-4000 册
国际书号	ISBN 978-7-101-16769-6
定　　价	68.00 元

目　录

导　论

知识与思想的普及

前　言

邱靖嘉

一、编撰缘起

本书的编撰最初缘自于中国人民大学历史学院的一次教学改革尝试。2015年，中国人民大学开始实行大类招生，历史学与文学、哲学、国学、马克思主义五个人文学科统一招生，本科新生入学第一学年在人文科学试验班学习，不分专业，至第一学年期末才进行专业分流，由学生根据各自的兴趣选择一个主修专业，进入相应学院学习。在当前的教育体制下，能否争取到足够数量的生源对于学科发展可谓生死攸关，因此历史学院领导高度重视，邀请学院的资深教授领衔，拟面向人文科学试验班的大一新生推出几门"有趣"的历史学课程，以吸引学生。于是包伟民教授认领了其中一门课程的建设任务，并让我协助他进行课程的策划和组织。

包老师为这门课程取名为"新媒体时代的历史学"，并在教学大纲中做了如下说明：

> 21世纪，人类进入新媒体（New Media，包括网络、手机、数字电视等等）时代，历史学也必然呈现出一些新的特点。例如历史读物以新的形式来写作，海量的历史知识以新的媒介来传递，这使得历史知识的接受者不仅有了极大的选择自由，而且得以方便地与写作者及其他接受者进行交流，并以各种形式反馈于历史的研究与写作。
>
> 这一切促使我们对历史学的教学方法做出必要的调整，以适应新媒体时代的特点。本课程设计的基本思路，将放弃以传授知识为要旨的传统路径，转向思想方法，即关于"历史学思维方式"的训练。

这门课针对当今新媒体时代历史知识传播便利化、多样化和即时性、互动性等新特点，提出要改变以知识灌输为要旨的传统教学路径，转而以培养学生的"历史学思维方式"为教学目标，以期帮助选课学生初步掌握筛选与判断驳杂过剩的历史知识信息的能力，了解学习历史的乐趣。因此，这门课不按时代的延续性与事

件的完整性来组织授课内容，而是以个案讨论的形式，多从时下
的社会现象和热点事件切入，向选课学生展示具有历史学特点的
观察问题与分析问题的思维方式。个案的选择以中国历史为主，
同时也包括部分外国历史的内容。每次课的主讲人并不固定，主
要是延请学院中的青年教师担任，他们根据各自的研究专长，自
拟主题，但需大体遵循上述教学思路。包老师还指出，这是一门
更多地面向泛人文学科、而非狭义的历史学专业的课程。

　　这门课于2016年和2017年的春季学期给人文科学试验班的大
一学生开设过两次，学生反响还不错，但它本质上仍属于实验性
课程。我们对于"新媒体时代的历史学"的理解在不断深化，对
授课内容也在持续调整。不过，后来由于本科生培养方案的修订，
这门课被取消。

　　至2021年，我又向学院申请重开这门课，并改为面向全校各
专业学生开放的本科通识课程。为此，我在原来的课堂教学实践
基础上，对课程内容做了重新设计。首先，要对所谓"新媒体时
代的历史学"这个新概念作一系统论述，明确它是旨在探讨随着
新媒体时代技术进步与传播方式的变化，使历史学面向公众的社
会服务功能更为凸显，在这种情况下，历史学应如何向民众提供
知识与思想的内容服务，建立与社会大众之间的良性互动关系。
其次，在专题课的安排上，除延续包老师所倡导的"历史学思维
方式"训练之外，亦将近些年来知识传播的各种媒介形式纳入考

察范畴，分别介绍它们的传播特点和历史学在其中可发挥的作用，以及历史学人应如何适应新的传媒方式做好历史文化知识的普及。专题课的主讲人尽量邀请既有历史学或考古学的专业学习背景、又有新媒体知识传播参与经历的学者，以求讲授内容并非纸上谈兵，而有真切的实操体悟。

这门课经过重新打造，于2022年和2023年的春季学期开设两次，颇受学生欢迎，有不少同学上完后都对历史学和历史知识普及产生了浓厚的兴趣。在备课的过程中，我对"新媒体时代的历史学"这一话题也在不断思索，积累了一些文字讲稿，于是便想能不能乘机编写一部课程教材性质的读物呢？实际上，"新媒体时代的历史学"所涵盖的乃是当今流行的一种社会现象，且日益受到人们的关注和重视，故这种现象本身就很值得探讨研究。加之中国人民大学开设"新媒体时代的历史学"课程乃是国内首创，随着越来越多的学者注意到新媒体时代的知识传播问题，相信会有更多的学校也将开出类似的课程，因此目前编写一部可供大家参考的教材也有其必要性。当然我自知能力有限、见识浅薄、缺乏实践，不可能独立撰写这样一本书，于是便开始向学界的一些师长、朋辈坦露这一想法，并约请他们撰文谈谈与"新媒体时代的历史学"相关的一些具体问题。令人欣喜的是，我的冒昧邀约得到了这些师长、朋辈的真诚鼓励和支持，然后就有了这本小书的编著。在此，我要特别向诸位师长、朋辈表示衷心的感谢！

二、内容设计

本书名为《正声新奏：新媒体时代的历史学》，所谓"正声"是指历史学本身的知识体系、文化传承与思维方式，而"新奏"是指以新媒体时代的传播方式对前者的普及、演绎与应用。① 各章以专题的形式探讨与"新媒体时代的历史学"相关的若干问题，内容设计分为以下三个版块。

第一个版块是"导论"，由我执笔，系统介绍"新媒体时代的历史学"的概念、内容、旨趣以及教学实践，包含两章和一个教学案例。

第一章《什么是"新媒体时代的历史学"》，主要论述新媒体时代历史学发展呈现出的新特点以及面向公众的社会服务功能，探讨历史学如何与社会公众形成良性互动关系、历史学传统的研究思路与教学模式该如何转变等现实问题，并辨析"新媒体时代的历史学"与"公共史学"的关系，提出"新媒体时代的历史学"课程的设计方案。

第二章《新媒体时代的历史学通识教育》，讨论新媒体时代知识获取与传播渠道的变革对传统以"知识灌输"为主的高校历

---

① 按"正声新奏"这一题名出自本书作者之一虞云国教授的指点，谨此鸣谢！

史学通识教育所带来的挑战，提出应建立一种以培养"历史学思维方式"为目标的新型教学模式。所附教学案例《"司马光砸缸"故事的由来与传播》，即由这一教学思路出发，首先从一个媒体传播热点事件切入，用历史学的研究方法来剖析"司马光砸缸"故事的来龙去脉，让学生了解历史学综合分析思维的魅力，而不是给出非此即彼的绝对答案。

第二个版块是"知识与思想的普及"，旨在讨论新媒体时代历史学向社会公众普及历史知识与思维方式的社会需求、表现形式以及应注意的问题，共有四章，分别由四位学者撰稿。

第三章《历史学"综合分析"的思维方式》，是由中国人民大学历史学院包伟民教授在其讲稿基础上改定而成。包老师也是"新媒体时代的历史学"这门课程的最先发起者和策划者。本讲专题论述什么是历史学的思维方式，并举例说明了在当今新媒体时代培养"综合分析"的思维方式对于人们观察问题、思考问题的特别意义。

第四章《历史通俗写作中的相关问题》，作者是著名宋史学者、上海师范大学人文学院虞云国教授。虞先生长期致力于宋代历史的普及工作，撰著出版过多部历史通俗读物，对当前的历史通俗写作有着敏锐的观察和精深的思考，他所指出的相关问题无论是对通俗历史作品的写作者，还是阅读者，都具有重要的参考价值。

　　第五章《重返历史现场与人间烟火的公共史学》，来自于中国人民大学历史学院姜萌教授的一篇笔谈文章。尽管"新媒体时代的历史学"与"公共史学"并不完全等同，但两者在注重历史知识的普及、传播和应用方面有着共同旨趣，因此亦不妨将"公共史学"对相关问题的阐述纳入"新媒体时代的历史学"范畴加以考量。

　　第六章《非虚构历史写作与历史普及》，是中国人民大学历史学院张宏杰研究员的经验之谈。"非虚构历史写作"是当下很时髦的一种历史写作形式，张老师是这一领域的知名作家，已出版二十余部十分畅销的非虚构历史作品。他根据自身常年写作的心得，谈论了"非虚构历史写作"在历史普及中的特点以及写作者应该注意的问题。

　　第三个版块是"历史学与大众传媒"，旨在讨论新媒体时代历史学如何与各种传播媒介相结合以及可发挥怎样的作用，也是由四位不同作者的文章组成。

　　第七章《如何写好历史故事》，讲述者是新锐青年作家苗子兮老师。无论通过何种传播媒介，讲故事都是向社会公众普及历史知识的最基本形式，那么我们怎样从历史文献、图像资料和考古文物中发掘出精彩的故事，并把它们写好呢？苗子兮老师通过两个案例，为我们展示了如何利用十分有限的史料，去讲出相对完整的故事，并挖掘故事背后更宏大的力量和意义。这种发现故事的眼光和讲故事的技巧，正符合新媒体时代知识传播的需求。

第八章《让历史走进影视故事》，是根据深圳大学人文学院历史系常彧老师的讲稿整理而成。常老师毕业于北京大学历史学系，主要研究魏晋南北朝史、中国古代军事史，近年来参与过多部历史题材影视剧的制作，担任学术顾问，所以对历史学与影视戏剧创作的关系有着深度理解，这也是本讲的主题，相信大家一定会对这个话题很感兴趣。

第九章《新媒体时代考古文博知识的公众传播》，原是中央美术学院人文学院耿朔老师的课堂讲授内容，后整理成文。耿老师是杰出的青年考古学者，在教学科研之余，还一直致力于考古文博和艺术史知识的公众传播与社会服务，深度参与了多档文博探索类节目的策划，体验了音视频等各种新媒体的知识传播形式。本讲就是耿老师基于自身的实践经历，详聊他对当下考古文博知识公众传播现象的一些观察和思考。

第十章《剧本杀中的历史学传播》，作者骆文是清华同衡规划设计研究院的规划师、研究专员。剧本杀是时下非常流行的一种娱乐游戏，也是一种新兴的传播媒介与社交方式，很多人都玩过，且爱玩。那么，剧本杀如何与历史学相结合，并发挥历史学传播的作用呢？这是一个饶有趣味的话题。骆老师对当前剧本杀的开发创作和行业生态做过一些研究，这篇文章举例分析了剧本杀与历史学怎样深度融合，以及由此生发出的一些思考。

以上三大版块、十章内容便构成了本书的主体，谨向上述各章的作者致以诚挚的谢意。所谓"新媒体时代的历史学"其实是一个开放的话题，每个人都可以有自己的理解，本书各章仅是触及了其中一些方面的问题，并非面面俱到，所论观点亦仅代表一家之言，不当之处敬请大家批评指正。同时，也十分欢迎其他历史学者或历史爱好者就此话题撰文发表看法，展开讨论，从而进一步丰富我们对于"新媒体时代的历史学"的认识和思考。

导　论

第一章 什么是"新媒体时代的历史学"

邱靖嘉

自21世纪初以来，以计算机、数字网络、移动通信、人工智能为主要标志的信息技术革命方兴未艾，正在悄然改变着人们的生活习惯和认知方式。时至今日，互联网、数字化、大数据、无线通信传输等新兴科技以及手机、电脑、平板等各种智能终端设备早已成为我们普罗大众高度依赖的生活必需品，融入日常社会生活的方方面面。尤其是对人们的知识获取渠道和信息传播方式带来了颠覆性的变化，使人类迈进了"新媒体时代"。

一般而言，所谓"新媒体"是指基于技术进步而引起的媒体形态与传播介质的变革，不同于报刊、图书等传统纸质媒介和戏剧、广播、电视、电影等既有的演播方式，新兴媒体包括通过互联网渠道在各种智能终端输出的文字、音频、视频、社交互动、游戏娱乐、在线教育等知识分享与信息传播的手段和形式，具有数字化、互动性、即时性、开放性、个性化等特征。[①]对于知识领域而言，这种时代环境的变化一方面催生出诸多新兴学科，另一方面也在深刻改变着所有传统学科的内在结构、研究方法、传播方式、教学模式以及社会影响。其中，作为一切人文社会科学基础的传统历史学就正在经受着新媒体时代的冲击和重构，从而发生着某些显著的变化。因此，我们有必要提出一个"新媒体时代的历史学"概念，展开阐述新媒体时代历史学发展呈现出的新特点以及面向公众的社会服务功能，探讨历史学如何与社会公众形成良性互动关系、历史学传统的研究思路与教学模式该如何转变等现实问题，并辨析"新媒体时代的历史学"与"公共史学"的关系，提出"新媒体时代的历史学"课程的设计方案。

一、新媒体时代历史学研究的新特点

历史学是人文社会科学中的一门古老学科。在中国古代有着十分悠久的史学传统，不过现代的历史学则是自19世纪以来受西

[①] 参见匡文波主编：《新媒体概论》（第3版），北京：中国人民大学出版社，2019年；宫承波主编：《新媒体概论》（第9版），北京：中国广播影视出版社，2021年。

方科学主义的影响而形成的一门专业学问。[①]它的研究对象包含人类社会过去发生的所有事情，旨在在弄清历史事实的基础上，研究和总结历史发展的规律，以及总结研究历史的方法和理论。[②]以往历史学主要依据传世文献记载并结合考古文物开展研究工作，所利用的资料主要是纸本图书，所以历史研究属于书斋之学，学者或埋首书房，或沉浸于图书馆，常被形容为"坐冷板凳"，似乎缺少一些现代气息与社会交流。然而随着新媒体时代的到来，新兴科技与传播媒介的发展也正在深深地影响着传统历史学的研究方式和成果推广，从而体现出一些新的特点，可以大体归纳为以下三个方面。

第一，资讯传播的多元、即时、便捷。在过去以纸质媒介为主要传播渠道的时代，人们想要了解历史研究的最新学术动态，只能去图书馆或书店翻阅新出版的著作书籍，以及学术期刊上登载的新近文章，而且受制于发行、运输、流通等因素，学者获得这些信息往往具有滞后性，并不能在第一时间知晓。然而随着新媒体技术的发展与推广，如今各大出版机构、科研单位、期刊杂志大多都有各自的官方网站，并且在微博、微信等社交平台普遍

---

① 参见包伟民:《历史学是什么》,《走向自觉——中国近古历史研究论集》,
　　北京:中华书局,2019年,第1—23页。
② 参见葛剑雄、周筱赟:《历史学是什么》,北京:北京大学出版社,2019年,
　　第87—89页。

开设账号，利用多元渠道及时发布各种学术信息，包括最新期刊目录、出版著作简介、文章推送以及学术会议、讲座、论坛信息等，甚至还可进行讲座、论坛的线上直播活动。此外，有不少学者个人或学术团体创办了微信公众号，集中搜集、整理、转发各个历史学专业领域的学术资讯，例如"先秦秦汉史"、"中国魏晋南北朝史学会"、"中古史研究资讯"、"宋史研究资讯"、"明清史研究资讯"、"征文考献"、"历史地理研究资讯"、"历史人类学"、"近现代史前沿"等等。这些学术信息发布渠道皆可实现即时推送，无任何时间迟滞和地域限制，人们即可通过手机、电脑在全球各地快速便捷地浏览各种学术讯息，一切动态尽在方寸之间，了如指掌，极大地提高了信息获取的能力和效率。甚至在某种程度上，我们还被动地接收各类公众号的资讯推送，每日不时翻看微信订阅号及朋友圈中的转发信息也已成为我们大多数人的一种日常习惯。这正是新媒体时代带给历史研究者了解学术动态方式的巨大变化。

第二，学术研究手段与方法的技术进步。传统历史学研究主要讲求文献考证，推崇考据之学，而传世的古代典籍卷帙浩繁，今人的研究论著更是不计其数，单凭人力目验难以穷尽，且随着历史研究的不断深入，对文献记载的辨析和史料的发掘拓展也提出了更高的要求。在这种情况下，计算机技术和网络媒体技术的发展为历史学者提供了新的研究手段和方法，极大地促进了学术研究的进步。这主要表现在两个方面。

首先是文献资料的电子化、数据库建设与全文检索技术。资料的占有与掌握是历史研究的先决条件，在过去没有网络的时代学者搜集文献资料有很大的局限性，即便是大型图书馆也难以保证资料齐全，更不用说翻阅卡片、查找图书、人工抄录耗时耗力。而在新媒体、数字化的浪潮之下，无论是古籍文献，还是现代出版物，大多都能够实现电子化，图书馆也引入了信息化管理和电子检索技术。大量图书资料的电子版通过互联网广泛传播，并与大容量云存储技术相结合，使得人人都可以建立属于自己的个性化、移动式电子图书馆。各种电子文献数据库的建设更是为学术研究提供了很大便利，如历史研究常用的数据库资源有爱如生典海数字平台、书同文古籍数据库、中华经典古籍库、中国数字方志库、缙云历史文献库、《文渊阁四库全书》电子版等古籍类数据库，读秀知识库、超星电子图书等现代出版物数据库，以及中国知网、全国报刊索引、国家哲学社会科学文献中心等期刊类数据库。这些数据库平台所收录的图书资料数量极其庞大，更重要的是它们还具有全文检索和内容复制功能，从而使研究者能够十分快速便捷地查找各种史料，粘贴文字，大大提高了学术研究的效率，并使许多前人未曾注意到的文献资料得以进入研究者的视野。如今利用数据库资源检索史料、电脑写作早已成为历史学者习以为常的主要研究方式，甚至还有学者总结出了一套被称为"e考据"的研究方法。①总之，文献图书的电子化、数据库建设以及远程传输下载使我们每个人都可以足不出户坐拥书城，方便快捷地查阅各种资料，消弭了研究条件的差异，同时我们还掌握了文献检索与复制这一利器，极大地促进了学术研究，可以说近二十余年来历史学研究的飞速发展与这些技术手段的革新是密不可分的。

其次是诸多新兴技术分析工具的广泛应用。除了提供海量电子数据资源和高效、便捷的检索手段之外，计算机与网络技术的发展还带来了新的分析工具，为历史研究开辟了新的领域。例如正在蓬勃发展的数字人文就是近二十多年来信息科技与人文科学交叉互动而形成的一门创新学科，它致力于将计算机技术和人工智能融入学术研究，能够实现自动化的文本分析、数据统计和多媒体、可视化、生成式的内容呈现，为历史研究注入了新的活力。②基于数字人文的理念，由美国哈佛大学费正清中国研究中心与北京大学中国古代史研究中心、台湾"中研院"历史语言研究所合作开发的中国历代人物传记资料库（China Biographical Database，简称CBDB）是首个关系型历史数据库，旨在系统收录

①"e考据"的提出者是台湾学者黄一农先生，参见氏著《二重奏：红学与清史的对话》，北京：中华书局，2015年；《清代避讳研究：e考据的学术实践》，新竹："国立"清华大学出版社，2024年。
②参见邓小南：《数字人文与中国历史研究》，《中国文化》第53期，2021年春季号，第11—14页；访谈《王涛：数字人文视野下的历史研究》，《数字人文》2021年第2期，第169—178页。

自唐代以来的所有人物传记资料，加以数字化处理，可进行量化统计、地理空间、社会网络等多种分析，今已成为辅助历史研究的一种有效工具。①此外，如GIS技术、航空照片与彩红外遥感技术等现代科学技术也已引入历史地理学的研究之中，特别是基于GIS技术，由哈佛大学与复旦大学联合开发的中国历史地理信息系统（China Historical GIS，简称CHGIS），将中国历史时期的政区建置和沿革变动数字化，建立地理信息数据平台，为研究者提供基础数据查询、时间统计、地图展示、空间建模等功能，是新技术与传统历史研究相融合的典范。②这些新兴技术的应用拓展了历史研究的手段和方法，具有直接的学术促进作用。最近，异军突起的生成式AI技术又为历史研究方式的变革带来了新的可能。③

第三，研究成果发布与推介方式的变化及其社会影响。对于专业的历史学者来说，研究成果的主要发布渠道就是在学术期刊上发表论文与出版专著。但历史学的学术圈子相对比较封闭，其研究论著的阅读者主要局限于专业人士，对于普通社会公众而言，

①参见方诚峰：《中国历代人物传记数据库（CBDB）》，《国际汉学研究通讯》（第二期），北京：中华书局，2011年，第285—298页。

②参见张萍：《地理信息系统（GIS）与中国历史研究》，《史学理论研究》2018年第2期，第35—47页。

③参见王涛：《生成式人工智能之于历史研究的机遇与挑战》，《史学理论研究》2024年第3期，第15—23页；赵思渊：《人工智能推动历史学研究范式更新》、王申：《生成式人工智能与历史学研究的新可能》，《中国社会科学报》2024年7月24日。

除非他们对历史学有着特别的热爱和兴趣，否则一般不会主动涉猎那些过于专业化的期刊论文和学术著作。然而随着新媒体时代传播方式和理念的变化，历史研究成果的读者受众正在迅速扩大，其社会影响亦在不断显现。几乎所有主流的出版机构和学术期刊杂志都纷纷在社交平台开设账号，实时推介新出著作和研究论文，尤其是微信公众号已成为对外发布学术研究成果的主要窗口，许多公众号的关注者数以万计，其传播力远超纸质印刷品，具有显著的优势和更广泛的覆盖人群。为了贴合当下的大众阅读习惯，许多公众号还对推送的文章内容精心编辑，省去了专业论文的繁琐注释，并配上相关图片，以便于人们在手机或平板电脑上轻松浏览。除直接推送研究论著之外，不少媒体机构还会针对最新的学术热点，在各大平台刊发相关的访谈、书评类文章，甚至邀请作者录制音视频，或以视频直播的形式介绍自己的学术研究，并与读者互动交流。不仅如此，学者个人也可通过自媒体成为研究成果推介的主角。已有一些历史学者在微博、微信等社交平台开设个人账号，推送各种学术信息和研究成果。如陕西师范大学历史文化学院副教授胡耀飞的"太史政"微信公众号，长期致力于最新历史研究动态的宣传，在学界已颇有名气。更著名的例子是北京大学历史学系辛德勇教授的微信公众号"辛德勇自述"，专门用于发布辛教授个人的研究成果和学术活动信息，还会定期录制上传历史文化知识普及性的短视频，并不时举办直播活动，关注者多达数十万。正是由于上述网络媒介和自媒体的兴起，历史研究成果的发布与推介方式发生了显著变化，从纸上到网上，顺应了新媒体时代的传播形态和社会需求，其读者受众也随之突破了专业学者群体。有更多的普通读者在看到公众号推送和朋友转发信息之后，对历史文化研究产生兴趣，甚至在豆瓣、知乎等社交网站引起了网友们对某些历史问题的热烈讨论，不时出现一些高关注度的热点事件，从而使学术研究展现出更广泛的社会影响。

以上所述在新媒体时代，信息获取的多元便捷、研究方式的巨大变革和成果推介的灵活多样，颠覆了传统的历史学研究，重塑了历史学的学术共同体。①其中，第三点学术研究成果传播方式及其影响的变化尤为值得注意，它触及到另一个重要问题。当下的历史学研究已不仅局限于学界内部的专业探讨，而是需要更多地"面向公众"，这就牵扯出下节将着重讨论的话题。

二、面向公众：新媒体时代历史学的社会服务功能

传统的历史学研究学术性很强，进入门槛比较高，需经过专业的史学训练，加之当前的考核评价体制对历史学者的制约，使得历史研究的主要面向是专业的学术圈，也就是我们常说的"学

---

① 关于新媒体对学术共同体的影响，参见田晓伟：《论学术新媒体的发展与学术共同体的构建》，《教育研究》2017年第4期，第21—26页。

界内部的讨论"。这导致历史学界具有一定的封闭性，缺乏向社会公众的历史普及与知识传输。另一方面，普通公众对于历史的了解主要来源于义务教育期间的历史教科书，以及通过小说、戏曲、电影、电视剧等渠道所获得的一些历史知识。但历史教科书的内容编写较为简略，不能反映真实历史的复杂性，且无法及时吸收历史研究的最新成果，从而使其历史知识的传播带有一定的滞后性；而文学艺术与影视剧更是充斥着大量戏说、演义、虚构的成分，它们所呈现的历史面貌与真实的历史相去甚远，普通公众大多难以辨别其中的真伪，对历史的理解往往比较肤浅和片面，从而容易形成一些错误的历史观念。因此，迫切需要专业学者来进行历史普及工作，帮助公众正确认识和理解历史。长期以来，历史学界与社会公众之间的这种严重隔阂所造成的结果是：由于历史学本应有的社会服务功能的缺失，致使普通公众的历史认知存在缺陷，从而影响到国民基本历史文化素养的提高。①尽管上文提到，随着新媒体的推广应用，拓宽了历史研究成果的推介和传

①虞云国教授指出历史学具有学术功能和社会功能两个面向，并强调了社会功能的重要性："史学的学术功能是历史学自身发展的推动力，而史学的社会功能主要是对人类社会所起的作用与影响。史学的学术功能是实现其社会功能的前提与基础，社会应该向史学前沿研究提供条件，表达敬意。而史学的社会功能则是其学术功能的延伸与补充，社会更有必要让当今全体国民知晓历史、敬畏历史，这是造就现代公民素养的必要前提。"（虞云国：《敬畏历史》"自序"，上海：复旦大学出版社，2011年，第3页）

播渠道，使其读者受众向一般社会人士延伸，但那些专业的学术论文并不完全适合普通公众的阅读与理解，对于改变上述状况作用有限。因此，我们呼吁历史学的学科定位应当从专注于学术研究向兼顾社会公众的知识服务转变，而当今的时代环境则为这种转向提供了必要的契机。

改革开放以来，随着国民物质生活水平的不断提高，人们对于精神文化层面的需求也日益高涨。如今很多人已不满足于仅仅从教科书上所获得的那点历史知识，而希望对中外历史和传统文化有更详细和深入的了解。历史爱好者群体数量庞大，推动着历史文化类消费市场的持续增长。在近年来的图书出版中，历史类图书的动销品种数和码洋占比均在学术文化类市场中连续多年排名第一，甚至在全部社科类图书市场中都占有重要地位，[①] 许多历史文化方面的通俗读物（如《明朝那些事儿》、《人类简史》、《全球通史》、《马伯庸笑翻中国简史》等等）非常畅销。除纸本图书外，还有属于新媒体时代历史知识传播的各种新形式。如微信公众号推送的大量历史普及类文章，抖音、快手等自媒体平台上的相关短视频，均流传甚广，点击量大。哔哩哔哩、得到、喜马拉雅、蜻蜓FM、云听等APP在线上推出了许多讲述历史文化的音视频网络课程，随着知识付费模式的流行，这些音视频课程基本

---

① 参见陶思敏：《"读史热"驱动的销售增长——近年历史类图书市场分析》，《出版人》2019年第12期，第50—51页。

都需有偿收听，播放量十分可观。

面对如此旺盛的社会需求和庞大的商业市场，出于种种原因，专业的历史学者较少有人愿意"躬身入局"，提供相应的知识服务产品，而那些历史文化类畅销书或网络文章的写作者和音视频的讲述者其实大多都是非历史专业出身的社会人士或公众人物，他们的作品通俗易懂，又具有趣味性，能够迎合大众品味，但也存在一些值得警惕的问题。其一，他们毕竟不是专业的历史研究者，对于历史文化的分析讲解有时不大准确、严谨和周全，引述史实常常疏于考证、错误百出，甚至可能出现歪曲历史、颠倒是非的情况，严重误导公众。[①]其二，他们讲述的许多历史知识和某些观点其实都是来源于专业历史学者们的相关研究论著，却未能充分尊重和体现专业学者的原创性工作，甚至还有断章取义、改头换面的情况（俗称"洗稿"），因而存在知识产权的侵权行为，这在网络媒体上已是十分普遍的现象。[②]这些乱象提醒我们，既然

[①] 例如历史学者对袁腾飞《历史是个什么玩意儿》的批评就是一个典型例子，参见虞云国：《对历史的轻佻与侮慢——评袁腾飞〈历史是个什么玩意儿1〉》，原载于《文汇报》2009年10月25日，收入氏著《学史三昧》，上海：复旦大学出版社，2022年，第107—120页。近来，宋史学者指出在当下的宋代历史普及读物中也存在这方面的问题，参见《宋史学者座谈：历史应该如何向大众普及?》，澎湃新闻2021年11月18日，网址见https://baijiahao.baidu.com/s?id=1716747572725868700&wfr=spider&for=pc。

[②] 参见张红显：《网络自媒体洗稿的成因、危害及其治理》，《传媒》2019年第10期（上月刊），第74—76页。

当下历史文化市场如此火热，与其完全让非专业人士占据，那么历史学者为何不能参与其中呢？如果历史学者能够更多地承担起历史文化的普及工作，或许就能在一定程度上避免上述问题，传播更靠谱的历史认识，引导公众更理性、客观地看待和理解历史，树立正确的历史观念。

除了历史文化市场的刺激之外，对于历史文物当代价值的理念转变也促使历史学更应注重为社会公众服务的现实功能。2013年12月30日中共中央政治局就提高国家文化软实力研究进行第十二次集体学习，习近平总书记在主持学习时做出重要指示：

> 提高国家文化软实力，要努力展示中华文化独特魅力。在5000多年文明发展进程中，中华民族创造了博大精深的灿烂文化，要使中华民族最基本的文化基因与当代文化相适应、与现代社会相协调，以人们喜闻乐见、具有广泛参与性的方式推广开来，把跨越时空、超越国度、富有永恒魅力、具有当代价值的文化精神弘扬起来，把继承传统优秀文化又弘扬时代精神、立足本国又面向世界的当代中国文化创新成果传播出去。要系统梳理传统文化资源，让收藏在禁宫里的文物、陈列在广阔大地上的遗产、书写在古籍里的文字都活起来。要以理服人，以文服人，以德服人，提高对外文化交流水平，完善人文交流机制，创新人文交流方式，综合运用大众传播、群体传播、人际传

播等多种方式展示中华文化魅力。[①]

这段话高度精炼地概括出中华民族传统优秀文化的当代价值、现实意义及其传播理念。中华民族有着古老悠久的历史和灿烂多彩的文明，这是我们树立文化自信的源泉，也是提高国家文化软实力的根本。而传统历史学偏重于对历史文物的学术研究，尽管取得了丰硕成果，但其流传范围往往仅限于学术界内部，圈子过窄，缺乏面向社会大众的展示与宣传，这种学术取向亟待扭转。历史学如今应更多地思考如何向公众讲述历史，弘扬中华优秀传统文化，积极探索中华历史文化的推广方式。我们应当做的是适应新媒体时代的传播特点，"以人们喜闻乐见、具有广泛参与性的方式"宣扬中华优秀历史文化，在系统梳理传统文化资源的基础上，"让收藏在禁宫里的文物、陈列在广阔大地上的遗产、书写在古籍里的文字都活起来"，"综合运用大众传播、群体传播、人际传播等多种方式展示中华文化魅力"。那么，如何让历史文物"活起来"呢？其中一种有效做法是，让文献记载、考古文物、文化遗址通过新媒体的呈现方式和传播手段走近百姓、走进当代，焕发出新的生命力和现代价值，这赋予了历史学新的使命。

事实上，自2014年以来，全社会都在积极探索和尝试让历史

---

① 《习近平在中共中央政治局第十二次集体学习时强调"建设社会主义文化强国　着力提高国家文化软实力"》，《人民日报》2014年1月1日。

文物"活起来"的各种方式。如考古文博界改变传统的文物、遗址展陈思路，采用多媒体技术，引入声、光、电等元素以及戏剧、音乐等呈现形式，沉浸式地还原历史现场，让文物、遗址"开口"讲述自己的故事，并开发出各类文创产品，受到广大观众和游客的欢迎。以中央电视台为首的媒体机构相继策划播出了一系列弘扬中华历史文化的原创性电视节目，如"中国诗词大会"、"中国汉字听写大会"、"中国成语大会"、"中国地名大会"、"中国考古大会"、"中国国宝大会"等全国性知识竞赛，"国家宝藏"、"典籍里的中国"、"书画里的中国"、"最美中轴线"、"博物馆之城"等文博探索类综艺节目，《何以中国》、《如果国宝会说话》、《我在故宫修文物》等形式新颖活泼的纪录片，都有很高的收视率。不少自媒体团队也在制作适合年轻人喜好的历史文化类视频节目，例如在知名视频网站哔哩哔哩（Bilibili，俗称B站）播放量高达三千多万的"实验性"纪录片"历史那些事"，一改传统历史题材纪录片的严肃叙事方式，在原汁原味还原历史故事的基础上，针对B站受众特点，进行了表现方式上的创新，融入了许多现代时尚元素，深受公众好评。还有一些知识服务商开拓创新知识传播的新理念及其运营模式，开发了不少以历史文化为主题的知识产品。比如北京数字幻想科技有限公司推出的"探知游学"高端旅行品牌，定制独特的游学线路，邀请顶级教授学者同行，现场讲解，寓学于游，深化对历史的认识，感悟文明，从游者众多。爱道思人文学社是近年出现的一家面向学者和大众的知识创新服务平台，致力于用创新性的知识传播技术与表达方式，为知识爱好者提供学术考察、学术剧场、学术出版等系列产品，促进学术思想大众传播的可持续发展。以上这些形式都是当前人们对于"活化"历史文物的有益探索和尝试，取得了不错的社会反响，不过老实说，这其中历史学者参与得并不够多。我们需要反思的是，既然当下社会对历史文化有很强烈的知识需求，那么历史学应该如何面向公众更充分地发挥社会服务的功能呢？

三、历史学与社会公众的互动

历史学要扭转过度偏重学术研究的取向，更好地发挥社会服务功能，首先应当明确在新媒体时代，历史学能够为社会公众提供哪些知识服务，通过怎样的方式，达到什么样的目的。然后还要思考历史学能够从社会公众那里得到什么反馈和启示，从而促进历史研究思路与教学模式的转变。历史学与社会公众之间理应形成一种良性互动的关系。那么，历史学者该如何行动呢？具体来说可有以下三个方面的作为。

第一，写作历史通俗读物，普及历史文化知识。用平实浅近的语言客观地叙述历史原委称之为"历史叙事"，这本是中国传统史学的重要组成部分。然而自近代以来建立的历史学因受西方科学主义的影响，专注于学术研究，撰写专业论文，在某种程度上丧失了叙事史学的传统。如今随着社会大众对了解历史文化的兴趣和热情日益高涨，掀起了"读史热"，那么历史学人理应满足社会需要，重拾历史叙事传统，用通俗易懂的语言文字讲述历史，普及可信的历史文化知识，引导公众全面、理性、客观地看待历史。在这方面其实已有一些历史学者正在尝试实践。例如，著名秦汉史专家李开元教授创作复活型历史叙事三部曲《秦崩》、《楚亡》、《汉兴》，完整叙述了秦汉之际百余年间波澜壮阔的历史进程，并通过生动的文笔，把那段历史活生生地展现在读者面前；宋史学者虞云国教授长期致力于宋代历史的通俗写作和知识普及，先后出版了《细说宋朝》、《水浒寻宋》、《从中州到钱塘：虞云国说宋朝》、《插图大宋史》等多部适合大众阅读的作品，深受读者欢迎；北京大学历史学系赵冬梅教授著《法度与人心——帝制时期人与制度的互动》、《人间烟火——掩埋在历史里的日常与人生》等，陕西师范大学历史文化学院于赓哲教授著《疾病如何改变我们的历史》、《凌烟阁——大唐风云人物启示录》、《唐朝人的日常生活》等多部通俗历史力作，以轻松明快、图文并茂的方式，带领读者深入了解中国古代政治、制度与文化、古人的日常生活以及疾病史，广受好评。近年来更是涌现出多位新锐青年学者投身于历史通俗写作之中，如清华大学历史系副教授周思成在蒙元史研究之余，撰写了《大汗之怒：元朝征伐日本小史》、《隳三都：

蒙古灭金围城史》和《王安石"强辩"考：十一世纪中国政治的常识与诡辩》三部可读性很强的历史普及类著作；四川大学历史文化学院黄博副教授的主要研究方向是藏学和宋史，近来出版的《如朕亲临：帝王肖像崇拜与宋代政治生活》、《宋风成韵——宋代社会的文艺生活》两书，以轻松畅快的文笔讲述宋代的政治、社会与文化，广受好评；国家图书馆副研究馆员郑小悠专业研究清史，已出版《年羹尧之死》、《清代的案与刑》、《九王夺嫡》等多部历史普及读物，她的写作既扎实又有趣，还能引发人们的思考，赢得了市场和读者的高度认可，屡获大奖。与那些非历史专业出身的通俗写作者相比，历史学者不仅有着更好的史学素养，史实解读更加精准，而且能够将自己的专业研究融入写作之中，普及最新的历史认识，而非单纯稗贩他人的研究成果，因而更具写作优势。况且历史通俗写作与学术研究之间并不存在冲突，而是可以相辅相成、相得益彰的。最理想的历史读物其实应当兼具可读性和学术性，既能体现出专业学者的前沿研究和思考，又能以深入浅出、通俗易懂的文字传达给民众，雅俗共赏，这应成为所有历史学人的共同努力目标。[①]

　　第二，与各种新媒体的传播方式相结合。在新媒体时代，历

[①] 已有学者关注讨论通俗历史写作与学术写作之间的关系问题，参见黄博：《在学术与通俗之间》，澎湃新闻2024年1月2日，网址见https://www.thepaper.cn/newsDetail_forward_25806338。

史文化知识的大众普及应当适应新的传播特点，"以人们喜闻乐见、具有广泛参与性的方式"，这是"活化"历史的必然要求。从广义来说，新媒体的传播渠道包括所有通过电子网络媒介推广的普及文章、音视频课程、视频直播、电视节目、播客节目、影视剧、纪录片、脱口秀、动画片等具体形式内容，同时也可涵盖以历史文化为主题的游学考察，乃至一些游戏娱乐活动（比如历史题材的电子游戏、桌游、剧本杀）等新型的大众化知识传播渠道。这些都是社会大众喜闻乐见、时尚新潮的传播方式，拥有更多的受众群体和更大的社会影响力。历史学者绝不能与世隔绝，应该主动了解时代环境的变化和新的知识传播渠道，并积极参与新媒体运营下的历史普及工作。近些年来，其实已有一些媒体机构、文化公司与历史学者合作，正在努力促成这项事业。如澎湃是国内知名的时政思想类互联网平台，其下"私家历史"、"上海书评"、"翻书党"等多档栏目均与历史文化相关，邀请专业学者撰文深度解读历史，分享读书心得，谈论研究热点，读者众多，在社会上已树立起良好的口碑，也增进了公众对学术与学人的了解。许多音视频网络平台则约请各个领域的专家学者录制音视频课程，推广在线学习教育服务。如中国大学MOOC（慕课）是由爱课程网携手网易云课堂打造的在线学习平台，将国内各大高校的千余门优质课程全部向社会公众开放，可观看视频学习，其中有近三分之一是国家级精品课程，历史类课程亦为数不少。以知识服务和终身学习为宗旨的得到 APP 也推出了一批历史文化类课程，其主讲人有来自中国人民大学、中国政法大学、华东师范大学等高校的学者教授。其他如喜马拉雅、云听等音频播放平台亦有上线一些由专家学者讲述的历史普及节目，哔哩哔哩等视频网站或自媒体平台还会邀请历史学者进行在线直播的知识分享。此外，在各种历史题材的影视剧、纪录片以及文博类综艺等电视节目中我们也能看到一些历史学者担任学术顾问、节目策划、点评嘉宾或影视编剧，发挥自身专业优势，提供相应的知识服务。这些情况说明社会各界与历史学界已逐渐意识到通过新媒体力量普及历史文化知识的必要性，建立起初步的合作关系。今后应该有更多的历史学者能够自觉参与到这项事业之中，并积极探索更加丰富、新颖的知识转化与传播方式，让历史文化的讲述更贴近人们的日常生活，满足社会公众的多元化精神追求。

第三，注重培育社会公众的人文素养，传播理性声音。对于普通民众而言，最喜欢听的是历史故事，但专业的历史学者在进行历史文化的普及工作时，不能光讲故事和细节知识，同时也要辨析事理，分清是非，讲述历史背后的逻辑和道理，向社会大众灌输历史学的思维方式，传播理性思想，培育国民的人文素养，这一点在当下显得尤为重要。在如今这个网络发达、信息爆炸的时代，人们其实有很多途径可以了解到历史知识，并不一定非要听专家学者的讲述，不过公众基于其所获得的知识而形成的历史观念则十分堪忧。很多人由于对历史的认知狭隘、片面，或受非专业人士解说的误导，而产生不切实际、颠倒黑白、偏激错误的历史观，乃至沦为历史虚无主义，需要高度警惕。[①]因此，历史学者的职责不仅要普及真实可信的历史知识，而且更要让人们知道应该如何正确地看待和解释历史，梳理历史脉络，传播历史学综合分析的理性思维，努力使公众初步具备明辨是非的能力，抵制错误的历史观和价值观，并将这种思维方式应用到对现实问题的分析上来，这样才能提高国民的整体人文素养。针对这方面问题，也已有学者在付诸行动。如上海外国语大学全球文明史研究所的施展教授近年来致力于向公众介绍自己的大历史观，并将历史学与政治学结合起来，用历史的眼光来分析当前的国际政治经济形势，通过线上授课、直播访谈与线下演讲、学术考察、出版著作等多种方式，与社会大众积极交流互动，2021年被《时尚先生》杂志评选为"年度理性声音"。又如北京大学历史学系的罗新教授通过身体力行的方式走近公众，揭示一般人所不了解的历史面相，呈现多维复杂的历史情境和历史逻辑，被《中国新闻周刊》杂志评选为2023年度学者，其获奖理由写道："他是一位学者，但从不困于书斋；他研究历史，却从未与当下隔绝。在他看来，历

---

① 例如所谓"崖山之后无中国"之说就蒙蔽了很多不熟悉历史的网民，助长了民族主义、分裂主义思想，歪曲历史，极不可取，参见罗玮：《驳"崖山之后无中国"说》，《历史评论》2021年第4期，第73—77页。

史学是对人的理性思维的训练，关心弱者、为边缘人发声是当下历史学人的重要责任。他身体力行，一直努力用自己的责任感关照着历史与当下。"①但总的来说，像这种以传播思维方式为主的历史普及是目前最为欠缺的，我们呼吁应当有更多的历史学者加入到传递理性声音的行列，引导公众树立正确的历史观。

以上所述是历史学者能够为社会大众提供的知识服务内容、形式及其目标。还需特别强调的是，历史学的历史文化普及工作并不是单纯的知识输出，同时也会从公众那里得到有益的反馈和启示。普通公众不仅仅是历史知识的接受者，随着网络媒体的发展，我们每个人都可以成为历史的讲述者和诠释者，通过各种社交平台发表自己对历史的见解，甚至对专家学者的说法提出质疑和挑战。在过去信息传播沟通不发达的时代，学术界对于圈外的声音可以充耳不闻，但在新媒体时代的今天，历史学者已不能故作清高，对社会舆论置之不理，而要逐渐习惯接受公众的质疑和挑战，主动地解答人们的疑惑，回应民众的批评，并审思自身的研究是否存在不足之处，从而促使对相关问题做出更深入通透的历史研究。因此，历史学者不应忽视"外行"的意见，有的社会人士或确有独具慧眼之处，即便对方说得不对，也有可能提示出一些值得深思的问题线索。所以历史学应当与社会大众平等对话

① 徐鹏远：《罗新：不再写与时代无关的东西》，《中国新闻周刊》2024年1月1日。

与沟通，如知乎等互联网问答社区和知识分享平台已有一些专业学者开辟专栏，就不同领域的历史问题直接与网友交流，已开始搭建起较为有效的互动渠道。

随着面向社会公众的历史文化普及工作重要性日益凸显，亦应促使历史学重新思考其教学模式与人才培养目标。长期以来，高校历史学科的专业教育主要旨在培养两类专业人才：一是专业研究历史的学者，二是中小学的历史教师。不过，就所有历史学专业学生的数量比例来说，只有一小部分人能够最终真正从事这两类职业，而大多数学生会选择转换专业继续深造，或从事其他各行各业的社会工作，脱离了原本所学的历史学专业。然如上所述，当下社会大众对于历史文化的精神需求十分旺盛，消费市场巨大，而历史学者群体毕竟数量有限，且大多受制于现行考核评价体制，专注科研，尽管我们呼吁有更多学者能够转向历史文化普及，但或力有不逮，那么我们为什么不在今后的历史学专业教育中着重培养可以专职从事历史文化普及工作的人才呢？这就涉及到历史专业教育理念和教学模式的转变，从过去只培养两类专业人员，转向培养专业学者、中小学教师和史学应用型人才三者并重的新思路。其实，在新媒体时代历史文化的普及与史学应用工作已形成了一条利益巨大的商业链，有不少非历史专业出身的作家和网络写手以此为生，实现财务自由，因此我们完全可以培养历史专业的毕业生将来从事这一职业，探索更多元、更具想象力的知识转化与传播路径，这必然会是一片大有可为的广阔天地，能够极大地延展历史学的社会功用。

四、"新媒体时代的历史学"与"公共史学"的关系

其实，说到历史学面向公众的社会服务功能并非时至今日方才显现，而早已引起历史学界的注意。自20世纪70年代起，美国历史学界为解决传统史学博士培养过多而高校教职不足的问题，拓宽历史学专业研究生的就业渠道，开创了一个新的历史学发展方向"公共史学（Public History）"（国内另有"公众史学"、"大众史学"等不同汉译名），①并在美国高校开始普遍设立公共史学类的研究生项目，其培养目的是将"史学知识和史学技能运用于学术界以外的场所中"，包括政府机构、私人企业、大众媒体、各民间历史学会或组织以及博物馆等"公共领域"，强调"史学必须为公众事业服务，历史学家应该在公共领域和公共话语中发出有分量的声音，而不是关起门来躲进象牙塔，自说自话，与现实隔

① 关于"Public History"的概念辨析问题，参见姜萌：《通俗史学、大众史学和公共史学》，《史学理论研究》2010年第4期，第130—136页；姜萌：《"公共史学"与"公众史学"平议》，姜萌、杜宣莹主编：《中国公共史学集刊》第1集，北京：中国社会科学出版社，2018年，第57—76页。

绝",这是公共史学的一个核心概念。[①]可见公共史学作为一个新兴的历史学分支,在建立之初即已充分意识到了历史学为公众服务的社会功能与应用价值。后来这一理念也逐渐传入国内,史学界反应热烈。特别是近二十年多来,中国公共史学的理论探讨和学科建设取得显著成果,尽管不同学者对于公共史学(或公众史学)的定义理解可能有所出入,但其核心要义是使历史学服务于社会、满足公众需求,[②]注重史学与人民的关系,[③]并且已注意到互联网新媒体对历史知识传播的影响。[④]那么,本文所论述的"新媒体时代的历史学"与当前已经相对比较成熟的"公共史学"之间是何关系呢?

首先需要承认的是"新媒体时代的历史学"与如今国内正蓬勃发展的"公共史学"确有相交叉的共同旨趣。例如,它们都强调历史学面向公众的社会服务功能,主张以多样化、跨学科的形

[①] 王希:《谁拥有历史——美国公共史学的起源、发展与挑战》,《历史研究》2010年第3期,第34—47页。

[②] 《史学理论研究》2014年第4期即以"面向社会需求的公众史学(公共史学):老问题、新探索"为题,邀请四位学者发表了一组笔谈文章,回应历史学研究如何服务社会公众的问题。

[③] 参见姜萌:《怎样正确认识史学与人民的关系》,《中国社会科学评价》2018年第1期,第92—105页。

[④] 参见陈新:《"公众史学"的理论基础与学科框架》,《学术月刊》第44卷3月号,2012年,第117—123页;邵鸿:《传媒时代与大众史学——以当前"大众历史热"为中心》,《南昌大学学报(人文社会科学版)》第43卷第2期,2012年,第115—120页。

式普及历史知识，包括新媒体技术的运用等。不过，这两者之间也有明显的区别，并不是一码事，主要有以下五个方面的差异。

其一，学科定位。中国公共史学经过多年发展，已形成为一门具有明确史学形态的历史学分支学科，并建立起比较完备的理论体系和学科框架，包含通俗史学、口述史学、影像史学、文化遗产保护与开发、数字公共史学等门类。[①]在历史学体系中，公共史学属于二级学科"史学理论及中国史学史"之下的一个研究方向，有着固定的学科定位和专业面向。然"新媒体时代的历史学"是基于当今的时代环境与历史学发展特征而提出来的一个开放性概念，不具有学科形态和固定内涵，也不以学科化、体系化为目标，而是希望在新媒体时代更好地发挥历史学面向公众的社会服务功能，建立起历史学与社会大众之间的良性互动关系，并将这一理念内化为所有历史学者的自觉意识，从各自的研究领域出发积极参与历史文化知识普及与历史学思维方式传播的行动之中。因此，它更倾向于一种理念的培植与滋养，而非追求体系框架的完备性。同时，它也是一个开放性的话题，可激发专家学者以及不同从业者对历史学知识普及、应用与转化的讨论，深化内涵，扩展外延，进而丰富这一概念。

其二，知识服务内容。公共史学自其创立之初起一直强调的

---

① 参见姜萌：《公共史学概论》，北京：高等教育出版社，2020年。以下讨论所涉公共史学的具体内容均来自此书，不复注明。

是历史学"经世致用"的功能与属性，侧重历史知识的普及与应用，开发各种文化产品。在这一思路的主导下，公共史学所讲求的历史知识普及与通俗历史写作往往只是一种单纯的知识输出。然而如从历史学家的角度来看，亟需传输给社会公众的其实还有历史学的思维方式。北京大学赵冬梅教授就曾表示普通民众对历史学者构成的挑战来自历史的真实性和复杂性两个方面。民众常会将从小说、戏曲、影视剧中得知的故事当成真实的历史（比如杨家将），历史学者先要向民众说明那些故事并非历史，然后再解释所谓历史真实是多侧面的，可能永远无法抵达；民众对于历史的错综复杂性也缺乏了解，常会被一些简单粗暴的标签式论断所误导（比如说"宋朝是最腐败的?"），所以"我们要传播的，不仅是简单的故事，还有历史观念"。①这里说到的两个挑战归根结底就是应该如何引导公众正确认识历史的问题，其关键就是要传递一种历史学的思维方式，讲清历史本身的逻辑和道理。而"新媒体时代的历史学"所提供的知识服务内容，除了一般的历史文化知识普及之外，还特别强调要传播历史学的思维方式，包括综合分析的理性思维能力，这不仅有助于民众更好地理解历史，而且还能将这种思维方式运用到现实问题的分析之中，提高国民的整体人文素养。

----

① 赵冬梅：《公共史学范畴下的专业史学家：责任、挑战与操守》，《史学理论研究》2014年第4期，第13—16页。

　　其三，新媒体传播方式。公共史学亦注重新传播媒介在历史知识普及中的运用，如其中的影像史学是指借助图画、视频、动画等可视影像再现历史、传播历史知识的实践及相关理论研究，涉及舞台剧、影视剧、纪录片的创作；数字史学是利用大数据采集、人工智能、VR/AR虚拟等新技术复原历史场景，应用于历史教育之中。不过，从目前公共史学的学科框架来看，其所涉及到的新媒体应用仍比较有限，并未涵盖所有的新兴传播方式。而"新媒体时代的历史学"则更强调环境变化与技术进步对知识传播方式的影响，要求与时俱进，及时掌握一切有助于发挥历史学社会服务功能的途径，进一步探索贴近民众生活的知识转化新形式。且对所谓"新媒体"的理解也更为灵活、宽泛和多元，除各种互联网传播渠道外，还可包括历史题材的电子游戏、①桌游、剧本杀、游学项目等具有广泛公众参与度的新的媒介形态，甚至亦可涵盖传统媒体的新式营销和运作等融媒体形式。

　　其四，史学与公众的关系。公共史学自其诞生之初就明确以历史学面向社会的知识普及与应用为目标，大体是一种单向的知识输出。然"新媒体时代的历史学"不仅输出历史知识，而且还

---

① 国内已有学者开始关注"游戏史学"问题，并做了初步探讨，参见赵天鹭：《"游戏史学"初探》，《中国公共史学集刊》第1集，第78—104页；卢雅怀：《历史游戏研究：作为数字史学发展新方向》，《数字人文研究》第4卷第2期，2024年，第3—26页。

注重社会公众对历史学研究与教学的反馈和启迪，两者是双向互动、互利、互惠的关系。民众对历史问题的讨论，乃至对专家学者的论断提出质疑和挑战，都有可能促使历史学家进一步思考相关问题，做出更深入的研究。普罗大众对历史文化的强烈社会需求，迫使历史专业教育理念和教学模式发生转变，在培养专业的历史学者和教师之外，还要着力培育从事历史文化普及与史学应用工作的职业人才。因此，"新媒体时代的历史学"最终是要通过社会服务促进历史学自身的发展和完善，这与公共史学一味"致用"的目标截然不同。

其五，教学对象。公共史学是历史学的一个组成部分，在高等教育中，它也是作为历史学专业的一门课程，其教学对象是历史专业的学生，讲授内容以公共史学的理论总结为主，属于专业教育。[①]"新媒体时代的历史学"虽然是基于历史学发展的时代特征而提出的，但如将其引入教学之中，它的授课对象既可以是历史学专业的学生，也可包括其他非历史学专业的学生，作为一种通识教育，体现出两面性，而且可能对后者更为重要。因为在新媒体时代，整个社会的知识获取与传播渠道发生了巨大变化，对于高校教学来说，最重要的事情恐怕已非给学生灌输历史知识，而是要让非专业学生掌握历史学的思维方式，具备冷静客观的理

---

① 参见徐善伟：《公共史学在中国高校发展的可信性及目前存在的问题》，《史学理论研究》2014年第4期，第16—19页。

性分析和洞察是非的独立思考能力，这正是"新媒体时代的历史学"所要努力解决的问题。此外，"新媒体时代的历史学"教学也没有定式的理论教条，其内容具有开放性和即时性，可根据最新的传媒事件解析案例，引发思考，授课形式也更为灵活。

鉴于以上区别，我们认为"新媒体时代的历史学"这一概念与既有的"公共史学"并不冲突，两者互有异同，有各自的发展空间和应用价值。不过，它们的确存在某些共同旨趣，且"公共史学"的内涵与外延也不是固定不变的，它亦是"一种开放的观念意识"，可以随着现实情况的变化吸纳新的元素，充实自身的理论体系。所以或许将来"公共史学"会吸收"新媒体时代的历史学"所倡导的理念，从而使两者趋同，但至少在现阶段，很有必要单独提出"新媒体时代的历史学"概念，以引起历史学者乃至全社会的关注。

五、"新媒体时代的历史学"课程设计

由以上论述可知，所谓"新媒体时代的历史学"是旨在探讨随着新媒体时代技术进步与传播方式的变化，不仅使历史学研究呈现出新的特点，而且还使历史学面向公众的社会服务功能更为凸显，在这种情况下，历史学应如何向民众提供知识与思想的内容服务，并促成历史研究思路与教学模式的转变，建立与社会大众之间的良性互动关系。其实,"新媒体时代的历史学"是一个开放性的概念,它促使学者们走出狭窄的学术圈,走进社会,面向公众,密切关注并善于利用新兴的传播媒介和运作形式,从各自的研究领域出发积极参与历史知识的普及与历史学思维方式的传导。

鉴于此,我们提出在高校开设一门具有创新性、先锋性和实验性的课程"新媒体时代的历史学"。它与历史学专业的"公共史学"不同,是面向所有高校学生开设的历史通识教育课程,其内容并非系统地讲授历史学,而是重点介绍在新媒体时代,历史学如何向社会大众普及历史文化知识以及综合分析的思维方式,应注意哪些问题,并结合如今大众传媒的各种具体形式谈论历史学在其中可发挥的作用和价值。这门课程链接过去与现在,融通历史学与传播学,兼及现代信息技术和网络媒体,具有跨学科的特点,符合当下新文科建设与教学改革的要求。

在课程组织方面,该课程不追求讲授的系统性和完整性。除了必要的导论部分总体介绍什么是"新媒体时代的历史学"之外,主要课时是以案例讨论的形式展开。例如,可以从最近的媒体传播热点事件切入分析相关的历史问题,谈论历史通俗写作与历史文化知识的普及,探讨新媒体传播方式对历史学的挑战、影响与因应,解说历史学在文艺影视创作、文博探索类节目策划、历史题材游戏开发中的作用,等等。主讲人可以是对这些话题有所思考、甚至亲身参与某些新媒体知识传播的专业历史学者，也可邀请相关媒体行业的从业者来做主题分享或参与对谈。同时，注重选课学生的参与、互动与实践。

该课程的教学目标有：

其一，引导选课学生走出中学历史课教学的误区，了解阅读历史的乐趣，并适应新媒体时代的知识传播方式。

其二，帮助选课学生在新媒体时代初步掌握筛选与判断驳杂过剩的历史知识信息的能力，能够分辨基本的是非曲直，树立正确的历史观。

其三，帮助选课学生初步了解以"综合分析"为特征的历史学思维方式，能够独立思考，提高人文素养。

第二章　新媒体时代的历史学通识教育

邱靖嘉

　　自改革开放以来，推广通识教育、培养素质全面的复合型人才已逐渐成为中国高等教育的一个基本理念，并得以广泛贯彻实践。[①] 我们当前所谓的"通识教育"是指在现代多元化的社会中，为受教育者提供通行于不同人群之间的知识和价值观，塑造"全人"(the whole man)，而不仅仅是掌握某一门专业技术。[②] 其中，人文社会科学所提供的"知识和价值观"，对于培养健全人格、训练理性思维、涵育文化素养无疑发挥着十分重要的作用，构成了

_____

① 参见周谷平、张丽：《我国大学通识教育的回顾与展望》，《教育研究》2019年第3期，第107—116页。
② 参见哈佛委员会：《哈佛通识教育红皮书》第二章《通识教育理论》，李曼丽译，北京：北京大学出版社，2010年，第39—45页。

通识教育的核心内容。而历史学又是人文社会科学的基础，在大学通识教育中有着至关重要的地位，[①]近年来在教育部门和学界的共同努力下，已在各高校初步建立起了历史学通识教育的课程体系，在培养大学生的人文素养、文化自信和综合能力方面已初见成效。不过，目前的历史学通识教育还存在一些显著的不足，并不尽如人意，有学者主要从"通"、"专"关系的角度提出了对高校历史学类通识课程的内容、标准、形式等问题的看法和建议，[②]不乏真知灼见。

　　然而我们在近年来的教学中日益感到，历史学通识教育还应充分考虑时代和社会的变化对讲授内容与课程设计的影响。换言之，在不同的时代，历史学应该给大学生们提供什么样的历史教学。长期以来，面向全体大学生的通识教育，其重点在于"通"，即打通不同专业学科之间的壁垒，而授课内容为"识"，也就是了解各学科的专业知识。这就决定了当前的通识教育课程基本上仍是以"知识灌输"为主，即向非本专业学生讲授专业知识，只不过比对本专业学生讲得相对简单、通俗一些而已。在历史学类通识课程中，这一教学特点也十分明显。然而进入21世纪以后，互

---

① 参见刘后滨：《〈资治通鉴〉为什么不可替代？——兼论历史学在大学通识教育中的地位》，《中国大学教学》2015年第8期，第20—25页。

② 吴琦：《高校历史学类通识教育存在的问题及建设建议》，《历史教学》2018年第2期，第8—12页。

联网技术和新媒体传播的迅猛发展，使整个社会的知识获取与传播渠道发生了巨大变化，人类迈进了"新媒体时代"。在这种情况下，就历史学通识教育而言，传统的"知识灌输"型教学已显现出某些缺陷，而催生出另外一种以培养"历史学思维方式"为目标的新型历史通识教学。本文即从这一新的视角出发，展开论述新媒体时代知识传播的特点及其对历史通识教学的挑战，并结合我国当前力推的新文科建设，探讨历史学通识教育的思维转变、课程改革与实践问题。

一、新媒体时代知识传播的特点及其对历史通识教学的挑战

近年来，随着国民物质生活水平的提高，人们对于精神文化层面的需求也日益彰显。我们普罗大众从小都喜欢听或者看历史故事，这是我们获取历史知识的最初来源，加之我们所身处的一切无不来源于历史，且了解历史也毋需高深的理论，反而可以获得某些教育意义，因此在精神生活中，人们对历史文化的兴趣和热情显得尤为高涨，以致当下的历史文化市场十分火热。这一社会发展状况也反映在高校学生的选课取向之中，某些历史学类的通识课程往往较受欢迎，选课人数呈增长之势。然而通常以"知识灌输"为主的历史学通识教育却逐渐显现出某些缺陷，其教学

效果并不令人满意，这与当今新媒体时代知识传播的特点和学生获取知识的途径密切相关。

与以往主要通过纸媒书本和老师讲授获得知识不同，新媒体时代知识获取和传播的渠道更为多元、便捷，互联网络日益成为人们最为依赖的学习手段和媒介。笔记本电脑和智能手机早已是大学生上课时的标配，大多数具体的历史知识其实都可通过网络检索及数据库平台快速地为学生所了解，这对传统"知识灌输"型的历史通识教学产生了一些不利影响。学生们会感到纯历史知识的讲授比较枯燥，可能不大容易被老师所讲的内容所吸引，而认为可以通过课后的网络学习来弥补知识的欠缺，甚至还会以某些搜索平台上提供的不大准确的历史知识来质疑老师讲授的专业性。在这种情况下，教学效果的好坏只能有赖于授课教师的个人魅力和讲课技巧。总的来说，学生对"知识灌输"型历史学通识课程的不满意度在不断攀升。

不仅如此，新媒体时代给历史学通识教育带来的更大挑战是，对于学生日益增长的历史文化需求而言，高校开设的历史学通识课程并非具有不可替代性。在新媒体环境下，历史知识可以通过网络、自媒体等多种渠道，以文字、音视频、影视剧、纪录片、脱口秀、电视节目等各种喜闻乐见的形式，更广泛、更便捷地在社会大众中传播，从而导致知识服务市场的日益兴盛，涌现出了大量文化类和知识类的节目。比如中央电视台科教频道自2001年起开播至今的"百家讲坛"深受人们欢迎，其内容多涉及中国历史文化的普及，有着广大观众；自媒体人罗振宇从2012年开始在音视频网站持续播出知识类脱口秀节目"罗辑思维"，其中也讲述了很多历史文化方面的话题，同样具有较大的社会影响。至于如今在电视、网络以及各类听播APP推出的各种历史文化类节目，更是数量众多。与传统的学校授课相比，新媒体时代的这些知识类节目在知识传播方面具有显著优势。它们可以完全不受时间、地点和人数的制约，观（听）众根据自身的兴趣自由选择，并在闲暇时以舒适的方式观看收听，而且主讲人的讲述更加通俗易懂、富有趣味，自然能够吸引大批受众，特别是青年学生群体更易于偏爱这样的知识接受模式，从而对高校学院派的历史通识教学产生较大的冲击。

这种"冲击"除了知识传授形式之外，更为重要的是上述新媒体的传播手段对于包括青年学生在内的社会公众历史认知的影响。有许多知识类节目的主讲人都是一些知名的公众人物，他们本身就有社会影响力，自带吸粉效应，加之其节目又在主流音视频网站播出，流量大，观看人数多，他们的言论观点更易于被观众所接受，内化为一种历史认知。但那些公众人物毕竟不是专业的历史研究者，他们在讲述历史时常常存有很多漏洞和误解，甚至会歪曲历史，误导公众，因此学生们通过他们的网络节目所获取的历史认知可能是不正确的，从而干扰学校正规的历史通识教学。不妨举个例子，2015年3月，著名音乐制作人高晓松在爱奇艺视频网站所开办的文化类脱口秀节目《晓松奇谈》中，分两期讲述了他对元代来华的西方旅行家马可·波罗（Marco Polo）及其《马可·波罗行记》的看法，他的主要观点是说马可·波罗本人并没有来过中国，其《行记》乃是根据道听途说的有关中国的知识而记录下来的，里面有很多夸大其词的内容，并不可信。高晓松的节目点击量高达上千万，很多普通观众看后都接受了他的观点，其中自然也包括不少青年学生。但实际上，高晓松有关马可·波罗没有来过中国的论断和理由，皆出自英国汉学家弗朗西丝·伍德博士（Frances Wood，汉名吴芳思）所著《马可·波罗到过中国吗?》一书，[①]其观点早已被学界证明是不可取的，马可·波罗毫无疑问到过中国，[②]而高晓松又在节目中拾人牙慧，再次宣讲前人错误的观点，并因其个人影响力以及媒体平台的力量，对社会公众造成误导。这可谓是新媒体传播手段影响人们历史认知的一个典型案例。

---

① ［英］弗朗西丝·伍德（Frances Wood）：《马可·波罗到过中国吗?》，洪允息译，北京：新华出版社，1997年。

② 参见杨志玖：《马可·波罗在中国》，天津：南开大学出版社，1999年；马晓林：《马可·波罗与元代中国》，上海：中西书局，2018年；李治安：《百年以来对马可·波罗来华史实的厘清》，《光明日报》2019年4月20日；［瑞士］傅汉思（Han Ulrich Vogel）：《马可·波罗到过中国——货币、食盐、税收的新证据》，党宝海、马晓林、周思成译，北京：北京大学出版社，2022年。

此外，在新媒体时代，常常会有一些偏离事实的历史知识和观点借由网络媒体的报道广泛传播，许多人还在网上参与某些历史问题的讨论，其舆论言说也会对青年学生历史观的形成产生不良影响。例如，前几年有些媒体宣传宋代中国GDP的全球占比很高，出现了"四分之一"论、"二分之一"论，更有所谓占世界80%的说法，从而给人以宋代经济高度发达的印象，但其实，这种统计是极其不科学的，毫无学术意义和参考价值，只会助长国人的盲目自信。[①]这些来自于网络媒体的虚假历史知识也不利于学生树立正确的历史观。

二、转向以培养"历史学思维方式"为目标的通识教育

如上所述，进入新媒体时代，海量驳杂的历史知识通过各种新的媒介更方便快捷地在社会公众中广泛传播，不仅使历史知识的接受者拥有了极大的选择自由，而且还直接影响和形塑着他们的历史认知和历史观念。这无疑对传统以学校教育为主要渠道的知识传授模式带来了很大挑战，甚至产生了颠覆性的冲击，以往司空见惯的那种"知识灌输"型历史通识教学已日益无法适应时代和社会的巨大变化，暴露出不少问题。在这种情况下，我们不

①参见魏峰：《宋代"GDP"神话与历史想象的现实背景》，《国际社会科学杂志（中文版）》第31卷第2期，2014年，第145—149页。

得不去思考如何调整历史学的教学方式，以适应新媒体时代知识传播的特点，那就势必要放弃以传授知识为要旨的传统路径，转向思想方法——即关于"历史学思维方式"的训练。

显而易见，如今互联网和新媒体的技术手段使得知识获取与传播变得极为便利，高校的历史学通识教育如仍以"知识灌输"为主要目的显然已不合时宜，那么大学历史教学在新媒体时代应该提供怎样的知识服务呢？笔者认为，应当把重点放在思维方式的养成方面。在人文社会科学中，各学科研究对象不同，研究方法亦有差别，从而形成了体现各自学科特色的不同思维方式。"历史学思维方式"讲求客观科学，严谨求实，注重史料的解释力，强调综合分析，在考虑问题时将同时期内的各种不同因素都纳入其中，具有开阔的视野。[1]这种思维方式有利于培养学生的理性分析和独立思考能力，是很难通过单纯的知识传授和自主的网络学习而直接获得的，需要有专业教师的着力引导与培养。特别是在新媒体时代，"历史学思维方式"的训练对于学生正确接受历史知识、建立历史认知具有重要意义，这主要表现在以下两个方面。

第一，帮助学生初步掌握判断与筛选驳杂过剩的历史知识信息的能力。尽管新媒体时代的到来使知识获取变得更为便捷，但也导致大量真假参半的历史知识充斥网络，人们所面对的历史信

---

[1] 参见包伟民：《历史学是什么》，《走向自觉——中国近古历史研究论集》，北京：中华书局，2019年，第1—23页。

息往往是驳杂过剩的，对于普通公众而言，常常无所适从，难以分辨。例如我们对于宋代的印象，在中学历史教科书中描述为"积贫积弱"，但近些年来，随着公众对宋代历史文化的了解逐渐增多，出现了一股"宋朝热"，把两宋时期的社会经济文化成就捧得很高，[①]网络媒体多有宣传报道，也有一些反映宋朝的影视剧（如《清平乐》、《梦华录》等）热播，甚至还有人炒作上文提到的宋代 GDP 全球占比论。那么我们应该如何正确地看待宋代历史呢？这就不是靠网络搜索或简单的知识浏览所能解决的问题，需要专业学者从历史研究的角度，仔细地讲解宋代的历史状况、历史地位以及后世评价分歧的原因，在全面了解宋史的基础上，才能帮助学生更好地辨识有关宋朝的纷杂知识和抵牾信息，筛选出哪些是接近事实的，哪些还存在争议，哪些实属荒谬。这种判断能力的养成，并非传授知识那么简单，而正有赖于"历史学思维方式"的训练。

第二，使学生了解历史学的分析方法和观察视角，对网络媒体上的种种历史论断初步具备自主思考和明辨是非的能力。新媒体时代带给我们海量历史知识的同时，也为社会大众提供了发表自己对某些历史问题看法的平台，尤其是那些知名公众人物的公开言论更是有着广泛的社会影响力，他们对某些历史人物和故

---

① 在这方面有代表性的历史普及读物如吴钩：《风雅宋：看得见的大宋文明》，桂林：广西师范大学出版社，2018 年。

事的评断很容易被粉丝、观众所接受，形成一种普遍流传的历史认知和历史观念。如上文提到，高晓松在脱口秀节目中有关马可·波罗没有来过中国的论述就是一个很有代表性的例子。从历史学的思维方式来分析这个问题，并不是简单地告诉学生马可·波罗究竟到没到过中国，而是要梳理前人对于马可·波罗没有来过中国的论述是如何产生的，他们的判断依据是什么，反对者又如何回应与辩驳，最终取得了什么共识。学生了解这一历史学的分析方法，自然有助于他们对其他历史问题的思考，以后便不会人云亦云，而保持头脑冷静和清醒，避免受人误导。

从历史学的思维方式出发，还包括观察视角的转变对于理解某些历史现象的作用，姑举一例说明。《史记·秦始皇本纪》记载公元前210年，秦始皇在巡游途中病逝于沙丘，赵高、李斯等人矫诏诈立胡亥继位，是为秦二世，[①]史称"沙丘之变"，然而近年出土的北京大学藏汉简《赵正书》记胡亥继位却与《史记》迥然不同，称秦始皇临终之前接受李斯等人建议，指定胡亥为继承人。[②]对于这两种历史记述，有人提出《赵正书》的记载可信，

---

① 《史记》卷六《秦始皇本纪》，北京：中华书局，1982年，第1册，第264—265页。
② 赵化成：《北大藏西汉竹书〈赵正书〉简说》，《文物》2011年第6期，第64—65页。

而《史记》有误。[1]同时有关《赵正书》与《史记》记事真伪的讨论也延伸到网络上，引发了网友的关注和热议，如知乎网上此话题的浏览量即高达30多万人次，很多同学也表示出困惑：对于秦二世继位这样的重大历史事件，《史记》的记载难道会有错吗？其实我们可以不必执着于两者的真伪之辨，而转换视角，从历史记忆流传的角度来理解：《史记》选用的故事有其特定的时代背景，体现楚人反秦的主流历史记忆，而《赵正书》则承认胡亥继位的合法性，反映流传于秦汉之际的另一种历史记忆，说明当时人对秦史本就存在着多种不同的历史叙述，但随着汉朝"大一统"帝国的稳固和《史记》"正史"地位的凸显，前一种历史记忆得以长期流传，而后者逐渐被人所遗忘。[2]这种视角的转换有助于我们跳脱出非真即伪的习惯性思维，了解历史的复杂面相，从而能够更加睿智地看待和理解某些历史现象。这也是单凭网络媒体的知识传播所无法传授的能力，而必需经过专业学者的亲身教学才能使学生初步具备。

因此，鉴于新媒体时代知识传播的特点和学生面对纷繁驳杂的历史信息所产生的困扰，我们有必要转变以往历史学通识教育

---

[1] 如王洪军：《出土文献"赵正书"的意义》，《光明日报》2019年8月5日第13版。

[2] 参见陈侃理：《〈史记〉与〈赵正书〉——历史记忆的战争》，日本中国史学会编《中国史学》第26卷，京都：朋友书店，2016年，第25—38页。

的思路，由原来的以"知识灌输"为主，转向以培养"历史学思维方式"为目标。这种新型的历史通识教学重在引导学生掌握历史学的分析方法和观察视角，并采用历史学的思维方式去自主地思考问题，筛选信息，独立判断，而非被动接受，这是新媒体时代的大学生应当具备的基本素养。

三、新文科视野下的历史学通识课程改革与实践

那么，这种以培养"历史学思维方式"为目标的历史通识教学应当如何开展呢？以往的历史学通识课程大多是以某些专业课为基础适当压缩学分、简化内容而来的。比如中国古代史课，对于历史专业学生需要上一整个学年，至少有8学分，而面向全校非历史专业学生的通识教育则一般只上一个学期2—3学分，属于专业课的精简版，旨在粗略介绍中国古代历史的基本脉络和重要知识。其他一些课程也大抵如此，且其课程内容的条块区分非常明显，或以时代断限，或按政治、经济、制度、文化等版块划分。然在新媒体时代下，原有的这一套课程体系和教学方式已略显陈旧，难以适应如今知识获取与传播的新特点，亟待进行课程改革，推出以培养"历史学思维方式"为目标的新型通识课程。这种课程应针对当今学生的需求，其授课内容应具有开放性，同时兼顾趣味性，不以灌输知识为目的，而重在向学生展示具有历史学特

点的观察问题与分析问题的思维方式，并将具体知识的传授融入其中，以启发学生的自主思考，进而自觉将"历史学思维方式"应用于日常的信息处理和社会观察之中。以下将通过笔者在中国人民大学所开设的一门课程为例，来具体说明这一新的教学理念是如何实践的。

笔者在中国人民大学组织开设了一门"新媒体时代的历史学"通识课程，在国内高校中属于首创。本课程即以培养学生的"历史学思维方式"为宗旨，不按时代的延续性与事件的完整性来编排授课内容，而是以个案讨论的形式，挑选近年来在网络媒体上关注度高、讨论热烈的某些历史事件或历史问题，介绍其传播特点，并且由此切入，从历史学的角度进行解析梳理，以向学生展示历史学特有的观察视角、分析方法和思维习惯。个案的选择以中国历史为主，同时也可包括部分外国历史的内容。每个专题的讲授者可邀请学有专长的不同老师来担任，但讲授思路和形式是基本一致的。在此不妨举其中一讲的内容和教学过程来加以说明。

2015年8月23日，北京大学历史学系赵冬梅教授做客山东卫视一档真人秀节目《我是先生》，与著名文物收藏家马未都先生就"司马光砸缸"故事的真伪展开了一段现场辩论。赵冬梅教授认为这个故事有明确的史料记载，应当是可信的，但马未都先生则以宋代还没有烧造大型水缸的技术为由，质疑其真实性。此事经过媒体报道，引发了网友的关注和热议，成为当时的一个公众事件,[1]很多青年学生对这一话题也很感兴趣。于是本讲授课即由这一事件出发,从历史学的角度进行深入解读。对于这个尽人皆知的"司马光砸缸"故事,我们并不急于马上讨论其真伪,而首先需要检视其文献记载的原文。一般来说,我们依据的文献史料就是《宋史·司马光传》的记载:"群儿戏于庭,一儿登瓮,足跌没水中,众皆弃去,光持石击瓮破之,水迸,儿得活。其后京、洛间画以为图。"[2]这里明确说少年司马光当时击破的是"瓮"而不是"缸",故这个故事的准确称法当为"司马光击瓮"。实际上,"瓮"和"缸"是两种不同的器物,"瓮"为束口罐状,而"缸"为长颈敞口,尽管烧制大型"缸"的技术难度较大,至明清方成熟,但烧制大"瓮"自汉代以来早已有之,十分寻常,这可以得到文献记载和考古文物双重证据的支持。至近代人们在日常生活中才开始将"瓮"和"缸"混同起来,在描述这个故事内容时用"缸"取代了原来的"瓮",后来又出现了"司马光砸缸"这一通行名称,马未都先生因受此故事名称的误导而发出的质疑,是完全站不住脚的。不过,我们的讨论并不能仅止于此,还要进一步引导学生思考"司马光击瓮"故事的来源问题。其实,这个故事在司

---

[1]《马未都VS.赵冬梅:司马光不可能砸缸?》,澎湃新闻2015年8月30日,网址见http://www.thepaper.cn/www/v3/jsp/newsDetail_forward_1369905。

[2]《宋史》卷三三六《司马光传》,北京:中华书局,1977年,第31册,第10757页。

马光生前并未出现，根据史源学的追踪分析可大致还原出它的产生及流传过程：宋哲宗即位初，司马光肩负天下人冀其"活百姓"之厚望，入朝拜相，革除弊政，有"救焚拯溺"之喻，广为传颂，死后万民敬仰，博得盛誉，在这一政治舆论环境之下，民间逐渐传出司马光儿时击瓮救人的故事，以宣传其仁者形象，此事始见于北宋末释惠洪《冷斋夜话》之记载，后广泛流行于南宋，最终进入《宋史·司马光传》而为人所熟知。①

　　在以上这个教学案例中，课程的讲授始于电视媒体上有关"司马光砸缸"故事真伪的争论及网友的热议，由此切入可展现新媒体时代知识传播的特点，同时也可引发学生的兴趣。而课堂讨论的重点并不在于这个故事本身的真实与否，而是讲述应该如何去解析一个历史故事，判断它为真或不真的论证过程是如何展开的，其论据是否可靠，并且探究故事产生与流传背后更深层的社会因素。通过这次课堂教学，我们可以知道所谓"司马光砸缸"的故事名称是不准确的，而应称之为"司马光击瓮"，至于它是不是司马光幼年时真实发生过的事件，我们尚难以确言。从这个意义上来看我们似乎未能解决这个故事的真伪问题，但经过分析，我们却对它的产生及流传背景有了更为清楚的认识，并从中得到有益的启示：某些历史故事的形成和传播具有一定的复杂性，有

_____

① 详见本书所附教学案例。

时需要跳出真伪之辨的简单思维，回到当时人的语境之中，聚焦这些故事产生的舆论环境及其政治文化涵义。以上整个教学过程，体现的就是一种以培养"历史学思维方式"为目标的理念，它没有直接告诉学生问题的答案，而是教导学生应当如何去一步步地解析历史故事，而且把具体历史知识的传授融入到分析方法的讲解中，使学生在掌握"历史学思维方式"的同时，获得了更多的历史知识。由此可见，思维方式的培养与知识的灌输并不是截然对立的，两者完全可以相互兼容，将历史知识寓于思维方式的训练之中，反而可使学生的记忆更为深刻，取得更好的教学效果。

综上所述，随着新媒体时代的降临和不断深化，人们获取知识的渠道和方式更加多元、便捷，知识传播呈现出新的特点，这对传统以"知识灌输"为主的高校历史通识教学带来了不小的挑战。在这种情况下，大学生的历史学通识教育理当顺应时代的变化，改变过去的旧思路，尝试建立一种以培养"历史学思维方式"为目标的新型教学模式。这一新的教学理念以人为本，不以灌输"知识"为中心，而服务于"知识人"，使学生在当今这个资讯爆炸、人云亦云的时代，学习掌握历史学的思维方式，从而具备冷静客观的理性分析和洞察是非的独立思考能力，这恐怕是新媒体时代历史学通识教育所体现出的最大价值。而且近年来我国教育部门正在大力推进新文科建设与教学改革，鼓励文科教育的发展创新和不同人文社会科学之间的交叉融合，笔者在中国人民大学实践的"新媒体时代的历史学"课程，正体现出革新历史通识教育理念，以及将新闻传播、新媒体技术与传统历史学相结合的特点，这一新的教学旨趣和教学模式正是新文科视野下的题中应有之义。

最后需要特别说明的是，本文呼吁建立以培养"历史学思维方式"为目标的通识教育，并不意味着就要完全抛弃那些"知识灌输"型的历史学通识课程。其实，比如开设中国通史等一些传统课程对于学生全面系统地了解中国历史与文化也很有必要。不过笔者以为，在新媒体时代，一方面这些传统课程的讲授内容和方式应与时俱进，从历史知识的传授，转向历史脉络的梳理、多元视野的比较、政治制度的延续等宏观层面的理解；另一方面，在这些传统课程之外，还应开设采用新视野、新技术、新理念，以培养"历史学思维方式"为宗旨的新型通识课程，创新教学模式。将知识传授与思维训练两者充分结合起来，相辅相成，才能使历史学通识教育在培养大学生人文素养方面发挥更大效能。

附教学案例："司马光砸缸"故事的由来与传播

邱靖嘉

一、问题之缘起：由电视媒体引发的思考

"司马光砸缸"是宋代以来流传甚广、尽人皆知的历史故事。因此事在宋代文献中多有记载，且被写入《宋史·司马光传》，故而人们对其真实性皆深信不疑，并将其奉为髫童智力超群、见义勇为的一个经典事例。古今学者编撰的各种有关司马光的年谱、传记无一例外，均对这个故事津津乐道。

明清时人共编纂过三种司马光年谱。最早的一部是明嘉靖年间马峦辑、司马露校梓的《司马温公年谱》六卷，此谱于宋仁宗天圣三年（1025）"公年七岁"条下，即转述了《宋史》司马光

本传有关其"砸缸"救人的记载。[①]第二部是清雍正中顾栋高辑、民国刘承幹校刻《司马太师温国文正公年谱》八卷、卷后一卷、遗事一卷。据编者交代，此谱主要是以苏轼所撰《司马温公行状》为蓝本编订而成的，[②]因行状未载"司马光砸缸"之事，故顾栋高在这部年谱的正文中并未提及此事，但在书后所附《遗事》中明确转载了这个故事，并注明出处为"《宋史》本传"。[③]第三部系清乾隆间陈宏谋所编《宋司马文正公光年谱》一卷，此谱乃是根据马峦《司马温公年谱》缩编校订而来的，所以它也因袭了马谱关于"司马光砸缸"的记事。[④]

自近代以来，有关司马光的各种传记层出不穷，仅据笔者所见即不下十余种之多，它们也都记述了"司马光砸缸"的故事。在这些著作中，以1918年孙毓修编纂的《司马光》为最早，此书第二章"少年时代"转录了《宋史·司马光传》的相关记载。[⑤]民国年间的另一部传记章衣萍编《司马光》，则以白话文的形式讲

---

① 马峦辑：《司马温公年谱》卷一"天圣三年乙丑，公年七岁"条，见冯惠民整理：《司马光年谱》，北京：中华书局，1990年，第312页。

② 顾栋高辑：《司马太师温国文正公年谱》"凡例"，见冯惠民整理：《司马光年谱》，第21页。

③ 顾栋高辑：《司马太师温国文正公年谱遗事》，见冯惠民整理：《司马光年谱》，第267页。

④ 陈宏谋修订：《宋司马文正公光年谱》，台北：台湾商务印书馆，1978年，第2—3页。

⑤ 孙毓修：《司马光》，北京：商务印书馆，1918年，第7页。

述了少年司马光"砸缸"救人的历史典故。^①近几十年来，如顾奎相《司马光》，宋衍申《司马光传》、《司马光评传》、《司马光大传》，程应镠《司马光新传》，杨洪杰、吴麦黄《司马光传》，李昌宪《司马光评传》，李金山《重说司马光》，赵冬梅《司马光和他的时代》等多种传记，^②无不将"砸缸"救人作为司马光年少聪慧、胆识过人的典型事迹来加以重点介绍。其内容皆大致相同，只不过关于故事发生的时间和地点，多数传记根据《宋史·司马光传》的说法指为七岁时，地点不明；但有的作者则略微做了一些分析推断，言之稍详。如程应镠认为此事应发生在司马光五六岁时，赵冬梅认为适时司马光虚岁七八岁，而事发地李昌宪、赵冬梅等学者都判断当在洛阳。

除了以上年谱、传记资料之外，其实"司马光砸缸"的故事还见于其他许多历史文献转载，今人著作亦多有称引，不胜枚举。而且自晚清以来，这个故事还被广泛编入各种初级语文教科书之

---

① 章衣萍：《司马光》，上海：上海儿童书局，1935年，第4—5页。
② 顾奎相：《司马光》，哈尔滨：黑龙江人民出版社，1985年；宋衍申：《司马光传》，北京：北京出版社，1990年；同氏《司马光评传》，桂林：广西教育出版社，1995年；同氏《司马光大传》，长春：长春出版社，1999年；程应镠：《司马光新传》，上海：上海人民出版社，1991年；杨洪杰、吴麦黄：《司马光传》，太原：山西人民出版社，1997年；李昌宪：《司马光评传》，南京：南京大学出版社，1998年；李金山：《重说司马光》，北京：中国青年出版社，2010年；赵冬梅：《司马光和他的时代》，北京：生活·读书·新知三联书店，2014年。

中，成为蒙童启智教育的一个绝佳案例，直到现在仍是小学生的必读课文。[1]更有甚者还从司马光"砸缸"之举中总结出诸如逆向思维、解放思想等等衍生意义，[2]进而与现代营销学、决策学等相联系，颇有过度阐释之嫌。总而言之，自宋迄今，人们对于"司马光砸缸"故事是极为信服的，似乎从未有人怀疑过它的真实性。

然而最近却有人提出了对这个故事的质疑。2015年8月23日，北京大学历史学系赵冬梅教授做客山东卫视一档真人秀节目《我是先生》，与著名文物收藏家马未都先生就"司马光砸缸"故事的真伪有一段现场辩论。赵冬梅教授认为这个故事有明确的史料记载，应当是可信的，但马未都则以宋代还没有烧造大型水缸的技术为由，质疑其真实性。此事经过媒体报道，引发了众人的关注和热议，有不少网友也参与了讨论，大家的主要观点依然认为"司马光砸缸"的故事可信，并举出了若干文献史料和考古资料来反驳马未都的观点。[3]客观地来说，马未都提出的质疑确实是站不住脚的，对此可结合网友的讨论，做一点补充回应。

关于"司马光砸缸"故事，一般皆引据《宋史·司马光传》

① 姚颖：《百年语文教科书中的"司马光砸缸"》，《中华读书报》2013年7月10日。
② 柴明贵：《由司马光砸缸救人所想到的》，张春香主编：《司马光研究文萃》，郑州：河南人民出版社，2008年，第20—27页。
③ 《马未都 VS. 赵冬梅：司马光不可能砸缸?》，澎湃新闻2015年8月30日，网址见 http://www.thepaper.cn/www/v3/jsp/newsDetail_forward_1369905。

的记载：

> 光生七岁，凛然如成人，闻讲《左氏春秋》，爱之，退为家人讲，即了其大指。自是手不释书，至不知饥渴寒暑。群儿戏于庭，一儿登瓮，足跌没水中，众皆弃去，光持石击瓮破之，水迸，儿得活。其后京、洛间画以为图。①

从这段史料来看，我们所熟知的"司马光砸缸"这个故事名其实是不准确的，文献明确记载当时司马光危急时刻的救人举动乃是"击瓮"，而非"砸缸"，且《宋史》似有意将此事与司马光七岁讲《左传》共同作为其"凛然如成人"的例证，所以许多学者都认为司马光"击瓮"救人亦为其七岁时事。根据古今字书的解释，"瓮"和"缸"从器物学的角度来说，二者有相似之处，它们多为陶器，似罂，腹大口小，主要区别在于器形的差异，"瓮"多呈束口罐状，而"缸"为长颈敞口容器，两者有所不同，但在近现代语汇中则往往将其混同。②其实，司马光所砸的是"瓮"，而非"缸"，这个故事较为准确的称法当为"司马光击瓮"。据笔者检

①《宋史》卷三三六《司马光传》，北京：中华书局，1977年，第31册，第10757页。

②许慎撰、段玉裁注：《说文解字注》卷五下"缸"字、卷一二下"瓮"字条，上海：上海古籍出版社，1981年，第225、638页；《汉语大词典》"瓮"、"缸"字条，上海：上海辞书出版社，1986年，第288、1072页。

索，清末民国年间印行的各种小学国文教科书讲述这个故事，始以"缸"代"瓮"，称"击缸"、"打破水缸"或"敲水缸"等，[①]而最早明确称"砸缸"者，就笔者所见，可能是《申报》1933年8月26日广告版所刊登的儿童模范故事图第十三种《司马砸缸》，大概此后"司马光砸缸"便最终固定为这个故事的名称。

在明晓"司马光击瓮"的准确名称之后（以下皆用此名），我们再来回应马未都的质疑。诚如网友所言，从文献史料和考古资料双重证据来看，他的说法都无法成立。故事中提到的装人大瓮其实早已有之，如《东观汉记》谓王涣为洛阳令时，"盗贼发，不得远走，或藏沟渠，或伏瓮下"，[②]可见汉代即已有可隐藏成人的大瓮，唐代更是有大家耳熟能详的"请君入瓮"故事。[③]考古方面，例如新疆沙雅县古城曾出土写有"薛行军监军"文字的唐代大陶瓮，[④]湖北襄阳檀溪宋墓壁画"庖厨图"于灶台旁亦绘有一

① 如庄俞等编：《最新初等小学国文教科书》，上海：商务印书馆，1905年，第2册，第12页；黎锦晖等编：《新小学教科书国语读本》，上海：中华书局，1923年，第3册，第44页；魏冰心等编：《新学制小学教科书初级国语读本》，上海：世界书局，1924年，第3册，第32页，等。

② 刘珍等撰、吴树平校注：《东观汉记校注》卷一八《王涣传》，北京：中华书局，2008年，下册，第806页。

③ 李昉等：《太平广记》卷一二一"周兴"条引唐张鷟《朝野佥载》，北京：中华书局，1986年，第852页。

④ 吴疆：《"薛行军"陶罐考》，《新疆社会科学》1986年第1期，第76—84页。

大瓮形象，^①在杭州白马庙巷南宋制药作坊遗址还发现了口径约一米的大水缸。^②这些证据说明唐宋时期完全有能力烧制出大型的瓮（甚至缸），马未都藏家之言实不足信。^③

尽管马未都的质疑并无依据，可不予理会，但这一公众事件却给历史学者一个值得注意的警示。在当今新媒体时代，普罗大众获取历史知识的途径十分便捷，出现了史学普及化乃至娱乐化的倾向，^④在这种情况下，专业的历史研究者不能固封于所谓"学界"内部的讨论，而要接受来自公众对历史的质问和挑战，其中就包括对于某些历史知识真实性的怀疑，这或可为历史研究带来新的推进力。就"司马光击瓮"故事而言，人们大多直接转述《宋史·司马光传》的记载，而很少有人探究这个故事的最初来源及其出现背景，其实当我们从史源学的角度进行一番追踪分析之后，

---

① 襄阳市文物考古研究所：《湖北襄阳檀溪宋代壁画墓》，《文物》2015年第2期，第33—43页。

② 李蜀蕾：《杭州白马庙巷南宋制药作坊遗址》，《杭州文博》第6辑，杭州：杭州出版社，2007年，第43—57页。

③ 最近，有人从制作工艺层面具体论证，烧制大型的"缸"技术难度较大，至明清方成熟，而烧制大"瓮"则早已多见，参见张慧：《试论司马光砸缸的真实性》，《北方文学》（下旬）2017年第6期，网络出版 http://kns.cnki.net/kcms/detail/23.1058.I.20170627.0919.406.html。马未都虽精于器物制作史，但不谙历史学，未核查文献记载，仅据今人所谓"司马光砸缸"故事做出判断，不知司马光所击破的是"瓮"，而非"缸"。

④ 钱茂伟：《论史学的普及化与娱乐化》，《史学理论与史学史学刊》（2004—2005年卷），北京：社会科学文献出版社，2005年，第166—180页。

或许会对这个故事的产生及传播过程有一些新的认识，并有助于回应其真实性问题。

二、《宋史·司马光传》所载"击瓮"故事的史源分析

上文说到，人们谈起"司马光击瓮"故事，普遍引据《宋史·司马光传》。然而我们知道《宋史》修成于元末，尽管它是在两宋实录、国史等官修史书的基础上编纂而成的，但毕竟属于晚出的文本。欲考察有关这个故事的最初记载，还应回到宋代文献中去探寻。

首先需要说明的是，在司马光本人的著述中，从未提到过他儿时击瓮救人的事情。司马光死后，苏轼为其撰写行状，自称"轼从公游二十年，知公平生为详"。^①在这篇《司马温公行状》中，苏轼称赞"公自儿童，凛然如成人"，并举了司马光七岁讲《左传》的例子，^②这就是上引《宋史·司马光传》相关记载的原始出处，但行状却恰恰没有提及击瓮救人之事。后苏轼与范镇又根据这篇行状，分别撰写了《司马温公神道碑》和《司马文正公光墓

---

① 《苏轼文集》卷一六《司马温公行状》，孔凡礼点校，北京：中华书局，2004年，第2册，第492页。

② 《苏轼文集》卷一六《司马温公行状》："公自儿童，凛然如成人。七岁闻讲《左氏春秋》，大爱之，退为家人讲，即了其大义。自是手不释书，至不知饥渴寒暑。年十五，书无所不通。"（第475页）

志铭》，^①其内容皆未超出行状的记述，故对此事亦无只言片语。

　　关于司马光的个人传记资料，除了行状、墓志、神道碑之外，另一重要的文献系统就是官修史书中的《司马光传》。虽然宋朝实录、国史早已不存，但我们仍可从其他宋代文献中找到实录、国史所载司马光本传的相关线索。《东都事略》一百三十卷是南宋王称编撰的一部专记北宋历史的纪传体史书，其中就有一篇《司马光传》。^②淳熙十三年（1186）八月，王称献《东都事略》于朝，李心传称此书来源"特掇取《五朝史传》及《四朝实录附传》，而微以野史附益之"。^③其所谓"五朝史传"是指北宋所修太祖、太宗、真宗《三朝国史》与仁宗、英宗《两朝国史》的列传，"四朝实录附传"即神宗、哲宗、徽宗、钦宗四朝实录之附传，这就是《东都事略》列传部分的主要史源。由此推断，《东都事略》中的

---

① 《苏轼文集》卷一七《司马温公神道碑》，第2册，第511—515页，此碑又名《司马文正公光忠清粹德之碑》；杜大珪：《名臣碑传琬琰集》中集卷一八范镇《司马文正公光墓志铭》，《宋史资料萃编》第2辑影印旧钞本，台北：文海出版社，1969年，第2册，第663—665页。

② 王称：《东都事略》卷八七上、八七下《司马光传》，《"国立中央图书馆"善本丛刊》影印宋光宗绍熙间眉山程舍人宅刊本，台北："国立中央图书馆"，1991年，第3册，第1317—1343页。

③ 李心传：《建炎以来朝野杂记》甲集卷四"续资治通鉴长编、九朝通略、东都事略"条，徐规点校，北京：中华书局，2006年，第113—114页。

《司马光传》应取自《哲宗实录》的司马光附传，①其内容也仅涉及七岁讲《左传》，而绝无击瓮救人的记载。

《宋史·司马光传》当本自宋神宗至钦宗《四朝国史》之《司马光传》。这部《四朝国史》的成书过程较为复杂，从绍兴二十八年（1158）诏修神、哲、徽宗《三朝国史》开始，直至淳熙十三年十一月全书告成，历时近三十年之久。②其中，本纪和志两部分进呈较早，惟列传迟迟未成，淳熙十二年九月朝廷命洪迈限期一年克成，次年十一月国史院遂按期进上《四朝国史·列传》一百三十五卷。③据洪迈交代，当时之所以能在短短一年之间修成四朝列传，主要依赖的是和州布衣龚敦颐撰《列传谱述》一百卷及王称《东都事略》，④故《四朝国史》之《司马光传》也应来自这两部文献。上文已知，《东都事略·司马光传》并没有击瓮救人的

①按宋人前后修成两部《哲宗实录》，一成于徽宗大观四年（1110），另一部则为绍兴中重修（参见蔡崇榜：《宋代修史制度研究》，台北：文津出版社，1993年，第98—101页）。至于《东都事略·司马光传》究竟参据的是哪部《哲宗实录》，则已难以考证，抑或兼而成之。
②参见葛兆光：《宋官修国史考》，《史学史研究》1982年第1期，第50—52页；蔡崇榜：《宋代修史制度研究》，第126—138页。
③佚名：《南宋馆阁续录》卷四《修纂》"淳熙十三年十一月"条，张富祥点校，北京：中华书局，1998年，第198—199页。
④《宋会要辑稿》崇儒五之四一"孝宗会要"引淳熙十四年三月十八日翰林学士兼侍讲兼修国史洪迈奏，北京：中华书局影印本，2012年，第3册，第2267页。参见何忠礼：《王称和他的〈东都事略〉》，《陈乐素教授（九十）诞辰纪念文集》，广州：广东人民出版社，1992年，第251—253页。

记载，那么《列传谱述》是否可能记有此事呢?《列传谱述》全称
《元祐党籍列传谱述》，系专为《元祐党籍碑》在籍三百九人立传，
于淳熙七年进献朝廷，①今已失传。按司马光作为元祐党魁，必列
于此书卷首，陈振孙《直斋书录解题》称该书"以诸臣本传及志、
状、家传、遗事之类集成之。其事迹微晦、史不可见者，则采拾
诸书为之补传"，②像司马光这样大名鼎鼎的人物，自不属于"事
迹微晦、史不可见者"，所以推测《列传谱述》之《司马光传》大
概也是主要依据其行状、墓志及官修实录附传等内容编撰而成的，
如上所述，在这些资料中均未见司马光击瓮救人之事，所以从
《列传谱述》到《四朝国史》可能也都没有这一记载。

最先将"司马光击瓮"故事明确采入司马光传记资料的是朱
熹《三朝名臣言行录》。宋孝宗乾道八年（1172），朱熹编成《八
朝名臣言行录》，系统辑录北宋除钦宗以外八朝名臣的言行事迹，
分为前后两集，即《五朝名臣言行录》十卷（太祖至英宗）和《三
朝名臣言行录》十四卷（神宗至徽宗）。此书的编纂体例是每一
名臣皆首书小传一篇，简要介绍其生卒、籍贯、世系、仕履、封
谥等个人信息，然后逐条汇辑文献所见有关该传主的言行事迹及

①陆友仁：《吴中旧事》龚敦颐小传，《丛书集成新编》影印《函海》本，台北：
新文丰出版股份有限公司，1985年，第95册，第81页。按《元祐党籍碑》
三百九人中，有四人事迹不可详，故"书于编者三百五人"。
②陈振孙：《直斋书录解题》卷五杂史类《元祐党籍列传谱述》解题，徐小蛮、
顾美华点校，上海：上海古籍出版社，2006年，第157页。

时人评议，其史料采摭并非以官修实录、国史为主，而大多依据私家著述，取材范围甚广，包括行状、家传、墓志、碑铭、语录、文集、杂史、笔记、小说等。①《三朝名臣言行录·司马光传》征引文献达十六种之多，其中在引苏轼《行状》记述司马光七岁讲《左传》、"自是手不释书"事后有一小注曰："又《冷斋夜话》云：司马温公童稚时与群儿戏于庭，庭有大瓮，一儿登之，足跌没水中，群儿皆弃去，公则以石击瓮，水因穴而迸，儿得不死。盖其活人手段，已见龆龀中。至今京、洛间多为《小儿击瓮图》。"②这是在司马光的传记中首次出现"击瓮"故事，朱熹注明其出处为《冷斋夜话》，关于此书留待下节再作详细讨论。

朱熹《八朝名臣言行录》成书后流传很广，影响极大，已有学者注意到元修《宋史》列传时曾利用过此书。如明人朱明镐谓《宋史·向敏中传》所记敏中任右仆射事盖取自《名臣言行录》，③柴德赓指出《宋史·王安石传》"多取朱子《名臣言行录》"。④顾宏义认为朱、柴二氏所言不确，《向敏中传》之任右仆射事直接取

---

① 参见叶建华：《朱熹〈宋八朝名臣言行录〉初探》，《史学月刊》1988年第6期，第23—28页。

② 朱熹：《三朝名臣言行录》卷七《丞相温国司马文正公》，《朱子全书（修订本）》，李伟国点校，上海：上海古籍出版社、合肥：安徽教育出版社，2010年，第12册，第570页。

③ 朱明镐：《史纠》卷五《宋史·向敏中传》，《丛书集成初编》本，北京：中华书局，1991年，第82页。

④ 柴德赓：《史籍举要》，北京：北京出版社，2003年，第181页。

自《梦溪笔谈》,《王安石传》源于《四朝国史》本传,非据《名臣言行录》。①然笔者以为,朱熹所编《八朝名臣言行录》可谓北宋名臣传记资料之渊薮,且眉目清晰,出处详明,极适宜作为编纂《宋史》列传的史料索引,故元朝史官利用此书的可能性很大,似不可仅凭个别情况加以否认。今检《宋史·司马光传》,就有参考《三朝名臣言行录》的迹象。

经笔者逐条核查,今本《宋史·司马光传》之记事大多可在苏轼所撰司马温公《行状》及《神道碑》中找到原始出处,不过这些内容可能不是直接来自《行状》,而是经实录、国史中的《司马光传》转录而来,②此外还有若干条记载则不见于《行状》、《神道碑》,兹表列于下。

---

① 顾宏义:《〈宋史〉的史源及其相关问题》,包伟民、刘后滨主编:《唐宋历史评论》第3辑,北京:社会科学文献出版社,2017年,第181—183页。

② 《宋史》本传末云:"绍圣初,御史周秩首论光诬谤先帝,尽废其法。章惇、蔡卞请发冢斫棺,帝不许,乃令夺赠谥,仆所立碑。而惇言不已,追贬清远军节度副使,又贬崖州司户参军。徽宗立,复太子太保。……靖康元年,还赠谥。建炎中,配飨哲宗庙庭。"(第10769—10770页)与《东都事略·司马光传》略同,亦当来自实录、国史。

表1 《宋史·司马光传》部分记事史源表

序号	《宋史·司马光传》记事	文献来源	资料备注
1	群儿戏于庭，一儿登瓮，足跌没水中，众皆弃去，光持石击瓮破之，水迸，儿得活。其后京、洛间画以为图。	《三朝名臣言行录》引《冷斋夜话》	惠洪《冷斋夜话》卷三
2	年甫冠，性不喜华靡，闻喜宴独不戴花，同列语之曰："君赐不可违。"乃簪一枝。	司马光《训俭示康》	《温国文正司马公文集》卷六九①
3	诏刺陕西义勇二十万，民情惊挠，而纪律疏略不可用。光抗言其非，持白韩琦。琦曰："兵贵先声，谅祚方桀骜，使骤闻益兵二十万，岂不震慑？"光曰："兵之贵先声，为无其实也，独可欺之于一日之间耳。今吾虽益兵，实不可用，不过十日，彼将知其详，尚何惧？"琦曰："君但见庆历间乡兵刺为保捷，忧今复然，已降敕榜与民约，永不充军戍边矣。"光曰："朝廷尝失信，民未敢以为然，虽光亦不能不疑也。"琦曰："吾在此，君无忧。"光曰："公长在此地，可也；异日他人当位，因公见兵，用之运粮戍边，反掌间事耳。"琦嘿然，而讫不为止。不十年，皆如光虑。	《三朝名臣言行录》引《龙川志》	苏辙《龙川别志》卷下②

---

① 司马光：《温国文正司马公文集》卷六九《训俭示康》，《四部丛刊初编》本，叶3b。

② 苏辙：《龙川别志》卷下，俞宗宪点校，北京：中华书局，2006年，第92—93页。

续表

序号	《宋史·司马光传》记事	文献来源	资料备注
4	张方平参知政事，光论其不叶物望，帝不从。还光翰林兼侍读学士。	《三朝名臣言行录》引《日录》	今存《司马光日记》无。①
5	它日留对，帝曰："今天下汹汹者，孙叔敖所谓'国之有是，众之所恶'也。"光曰："然。陛下当论其是非。今条例司所为，独安石、韩绛、惠卿以为是耳，陛下岂能独与此三人共为天下邪？"	《三朝名臣言行录》引《日录》	《司马光日记校注·手录》卷一"迩英留对录"②
6	帝欲用光，访之安石。安石曰："光外托劘上之名，内怀附下之实。所言尽害政之事，所与尽害政之人，而欲置之左右，使与国论，此消长之大机也。光才岂能害政，但在高位，则异论之人倚以为重。韩信立汉赤帜，赵卒气夺，今用光，是与异论者立赤帜也。"	《续资治通鉴长编》	《通鉴长编纪事本末》卷六三《王安石毁去正臣》及卷六八《青苗法上》所记删节不同。③

① 李裕民校注《司马光日记校注》将《三朝名臣言行录》此条收入"佚文"部分，北京：中国社会科学出版社，1994年，第164页。

② 《司马光日记校注·手录》卷一"迩英留对录"，第96页。

③ 杨仲良：《通鉴长编纪事本末》卷六三《王安石毁去正臣》、卷六八《青苗法上》，赵铁寒主编：《宋史资料萃编》第2辑影印广雅书局本，台北：文海出版社，1967年，第4册，第2028、2173页。

续表

序号	《宋史·司马光传》记事	文献来源	资料备注
7	帝乃拜光枢密副使，光辞之曰："陛下所以用臣，盖察其狂直，庶有补于国家。若徒以禄位荣之，而不取其言，是以天官私非其人也。臣徒以禄位自荣，而不能救生民之患，是盗窃名器以私其身也。陛下诚能罢制置条例司，追还提举官，不行青苗、助役等法，虽不用臣，臣受赐多矣。今言青苗之害者，不过谓使者骚动州县，为今日之患耳。而臣之所忧，乃在十年之外，非今日也。夫民之贫富，由勤惰不同，惰者常乏，故必资于人。今出钱贷民而敛其息，富者不愿取，使者以多散为功，一切抑配。恐其逋负，必令贫富相保，贫者无可偿，则散而之四方；富者不能去，必责使代偿数家之负。春算秋计，展转日滋，贫者既尽，富者亦贫。十年之外，百姓无复存者矣。又尽散常平钱谷，专行青苗，它日若思复之，将何所取？富室既尽，常平已废，加之以师旅，因之以饥馑，民之羸者必委死沟壑，壮者必聚而为盗贼，此事之必至者也。"	《续资治通鉴长编》	《皇朝编年纲目备要》卷一八熙宁三年二月"司马光辞枢密副使"条所记删节不同。①

① 陈均：《皇朝编年纲目备要》卷一八熙宁三年二月"司马光辞枢密副使"条，许沛藻等点校，北京：中华书局，2012年，下册，第426—427页。

续表

序号	《宋史·司马光传》记事	文献来源	资料备注
8	蔡天申为察访，妄作威福，河南尹、转运使敬事之如上官；尝朝谒应天院神御殿，府独为设一班，示不敢与抗。光顾谓台吏曰："引蔡寺丞归本班。"吏即引天申立监竹木务官富赞善之下。天申窘沮，即日行。	《三朝名臣言行录》引《闻见录》	邵伯温《邵氏闻见录》卷一一①
9	官制行，帝指御史大夫曰："非司马光不可。"又将以为东宫师傅。蔡确曰："国是方定，愿少迟之。"	《三朝名臣言行录》引《闻见录》	《邵氏闻见录》卷一一②
10	或谓光曰："熙、丰旧臣，多憸巧小人，他日有以父子义间上，则祸作矣。"光正色曰："天若祚宗社，必无此事。"	《续资治通鉴长编》	《续资治通鉴长编》卷三八七元祐元年九月丙辰③
11	折简与吕公著云："光以身付医，以家事付愚子，惟国事未有所托，今以属公。"	《续资治通鉴长编》	《续资治通鉴长编》卷三六四元祐元年正月丁巳④

---

① 邵伯温：《邵氏闻见录》卷一一，李剑雄、刘德权点校，北京：中华书局，2008年，第116—117页。

② 《邵氏闻见录》卷一一，第115页。

③ 李焘：《续资治通鉴长编》卷三八七元祐元年九月丙辰，北京：中华书局点校本，2004年，第16册，第9416页。

④ 《续资治通鉴长编》卷三六四元祐元年正月丁巳，第15册，第8737页。

续表

序号	《宋史·司马光传》记事	文献来源	资料备注
12	在洛时，每往夏县展墓，必过其兄旦。	《三朝名臣言行录》引《闻见录》	《邵氏闻见录》卷一一①
13	旦年将八十，奉之如严父，保之如婴儿。	《三朝名臣言行录》引《范太史集》	范祖禹《太史范公文集》卷三六《和乐庵记》②
14	蔡京擅政，复降正议大夫，京撰《奸党碑》，令郡国皆刻石。长安石工安民当镌字，辞曰："民愚人，固不知立碑之意。但如司马相公者，海内称其正直，今谓之奸邪，民不忍刻也。"府官怒，欲加罪，泣曰："被役不敢辞，乞免镌安民二字于石末，恐得罪于后世。"闻者愧之。	《续资治通鉴长编》	《皇朝编年纲目备要》卷二六崇宁二年九月"诏诸州立党碑"条③

　　据上表，例2当出自司马光所撰《训俭示康》；例6、10、11见于今辑本《续资治通鉴长编》（以下简称《长编》）或《通鉴长

---

① 《邵氏闻见录》卷一一谓"司马温公既居洛时，往夏县展墓，省其兄郎中公"（第117页）。

② 范祖禹：《太史范公文集》卷三六《和乐庵记》谓"温公与其兄伯康友爱尤笃，伯康年将八十，公奉之如严父，保之如婴儿"（《宋集珍本丛刊》影印清钞本，北京：线装书局，2004年，第24册，第367页）。

③ 《皇朝编年纲目备要》卷二六崇宁二年九月"诏诸州立党碑"条，第674页。

编纪事本末》，知其史源皆为李焘《长编》；① 例7、14见于《皇朝编年纲目备要》，推测其史源亦当为《长编》，只因此二条所记分别为神宗熙宁三年二月及徽宗崇宁二年九月事，今辑本《长编》阙佚罢了。除以上六例之外，其余八条记载源出《司马光日录》、苏辙《龙川别志》、邵伯温《邵氏闻见录》、惠洪《冷斋夜话》、范祖禹文集诸书，材料十分零散，一般不易检寻，但它们却均见于《三朝名臣言行录·司马光传》之转引。据笔者推断，元朝史官很可能就是通过《三朝名臣言行录》提供的这些线索去查找史料，甚至直接依据此书编纂《宋史·司马光传》相关文字的。由此可知，"司马光击瓮"故事之所以被采入《宋史》本传，或许就是经由《三朝名臣言行录》这一媒介，而究其最初史源则为《冷斋夜话》一书。

三、关于惠洪及其《冷斋夜话》

《冷斋夜话》是宋徽宗年间释惠洪所编撰的一部诗话著作，兼记一些掌故杂事。有关"司马光击瓮"事即见于该书卷三，题名为"活人手段"：

---

① 关于元修《宋史》与《长编》的关系，参见顾宏义：《〈宋史〉的史源及其相关问题》，第176—178页。

> 司马温公童稚时，与群儿戏于庭。庭有大瓮，一儿登之，偶
> 堕瓮水中，群儿皆弃去，公则以石击瓮，水因穴而迸，儿得不死。
> 盖其活人手段已见于龆龀中，至今京洛间多为《小儿击瓮图》。[①]

这段记载与上引《宋史·司马光传》的文字内容基本一致，此书
所记稍详。

此书作者惠洪，本姓彭，初名德洪，字觉范，筠州新昌县
（今江西宜丰县）人，是北宋晚期著名诗僧。他一生笔耕不辍，著
述颇丰，在禅学理论、僧史撰述、诗文创作、文学批评等方面都
有建树。其《冷斋夜话》一书在宋代流传颇广，诸史志著录卷数
不一，《通志·艺文略》及《直斋书录解题》作十卷，《郡斋读书志》
作六卷，《宋史·艺文志》作十三卷，[②]而存留至今者皆为十卷本，
以元至正三年（1343）刻本为最早。[③]

---

① 惠洪：《冷斋夜话》卷三"活人手段"条，陈新点校，北京：中华书局，
　1988年，第31页。
② 郑樵：《通志》卷六八《艺文略六》诸子类小说类，北京：中华书局影印《万
　有文库》本，1987年，第798页；《直斋书录解题》卷一一小说家类《冷斋
　夜话》，第331页；晁公武著、孙猛校证：《郡斋读书志校证》卷一三子类
　小说类《冷斋夜话》，上海：上海古籍出版社，2006年，第590页；《宋史》
　卷二〇六《艺文志五》子类小说类，第15册，第5229页。
③ 参见张伯伟：《稀见本宋人诗话四种》"前言"，南京：江苏古籍出版社，
　2002年，第4页；查雪巾：《〈冷斋夜话〉版本考》，《古典文献研究》第15
　辑，南京：凤凰出版社，2012年，第533—556页。

关于《冷斋夜话》的成书年代，已有学者做过研究。此书最后一条记蔡卞之死，①按蔡卞卒于政和末年，不过这并非该书的成书时间下限，此后惠洪又有增删修缮，大概至宣和三年（1121）才最终定稿。但事实上，《冷斋夜话》并非一时一地之作，在其定稿前早已有传本在社会上流传，②各家书目著录此书卷数颇有差异，可能就是由于这些传本内容不尽相同而造成的。据笔者所知，《冷斋夜话》是记载"司马光击瓮"故事年代最早的文献，南宋诸书提及此事大多来源于此，如朱熹《三朝名臣言行录》及《锦绣万花谷》、《事文类聚》等类书转载这个故事即明确注明出自《冷斋夜话》。③

其实，此前已有人指出了"司马光击瓮"故事的上述史源。早在上世纪30年代，柳诒徵即曾说司马光"童年嬉戏，智已过人，《行状》虽未及，而史传采及《冷斋夜话》，非饰说也"。④赵

---

① 《冷斋夜话》卷一〇"蔡元度生殁高邮"条，第81页。

② 参见陈自力：《释惠洪研究》，北京：中华书局，2005年，第137页；周裕锴：《宋僧惠洪行履著述编年总案》，北京：高等教育出版社，2010年，第275页。

③ 佚名：《锦绣万花谷》前集卷二〇《幼悟》"击瓮图"条，《北京图书馆古籍珍本丛刊》影印宋刻本，北京：书目文献出版社，1988年，第73册，第286页；祝穆编：《新编古今事文类聚》前集卷四四《乐生部·幼悟》"击瓮活儿"条，《中华再造善本》影印元泰定三年庐陵武溪书院刻本，北京：北京图书馆出版社，2006年，叶10a。

④ 柳诒徵：《司马光之精神生活》，《江苏教育》1936年第5卷第9期，第51页。

冬梅教授也认为这个故事出自《冷斋夜话》，又见于彭乘《墨客挥犀》，[①]按《墨客挥犀》的作者实乃惠洪彭姓族人，该书多引《冷斋夜话》。[②]那么，《冷斋夜话》记载的这个故事是否可信，果真"非饰说"吗？在此需要首先交代此书存在的一些问题。

尽管惠洪及其《冷斋夜话》在文学方面自有其独到的思想理论价值，[③]但在史学方面却颇为世人所诟病。宋代书目著录均将此书归入小说类，且陈振孙《直斋书录解题》直言不讳地称《冷斋夜话》"所言多诞妄"，[④]晁公武《郡斋读书志》更是指出惠洪著作的一个通病："著书数万言，如《林间录》、《僧宝传》、《冷斋夜话》之类，皆行于世，然多夸诞，人莫之信云。"[⑤]可见在南宋书目学家看来，惠洪虽勤于著述，但多言无实据，诞妄不经，常有一些夸张矫饰的成分。具体来说，《冷斋夜话》的一个主要问题是伪托附会，如晁公武即已举例指出该书多记苏轼、黄庭坚事，"皆依托

_____

[①] 赵冬梅：《司马光和他的时代》，第47页。"司马光击瓮"事记载见曾慥《类说》卷四八引《墨客挥犀》"击瓮图"条（《北京图书馆古籍珍本丛刊》影印明天启六年岳钟秀刻本，第62册，第815页），今传本《墨客挥犀》无。

[②] 参见孔凡礼《墨客挥犀》"点校说明"，北京：中华书局，2015年，第263—265页。周裕锴《宋僧惠洪行履著述编年总案》认为稗海本《墨客挥犀》题彭乘辑撰者，即惠洪（第5页）。

[③] 参见张瑞君：《惠洪〈冷斋夜话〉的文学思想》，《清华大学学报（哲学社会科学版）》2016年第2期，第86—90页。

[④]《直斋书录解题》卷一一小说家类《冷斋夜话》解题，第331页。

[⑤]《郡斋读书志校证》卷一三集类别集类下洪觉范《筠溪集》解题，第1034页。

也"，①对此其他学者也多有批评。②实际上，惠洪虽聪慧有才华，然生性放浪不羁，作史很不严谨，陈垣评述此人"惟性粗率，往往轻于立论"，其史论暴露出不学、寡养、多口的弊病，且言"夫评诗，人不之信，其害小，作史人不之信，则可信者亦将为不可信者所累，岂不与作史初心相背哉"。③

鉴于此，我们不禁会对"司马光击瓮"的记载产生一点怀疑。关于此事，在司马光生前，无论是其本人还是亲友同僚皆未提及，也不见于详述司马光事迹、且比较可信的行状、神道碑、墓志等第一手传记资料的记载，而《冷斋夜话》之成书上距司马光离世已有二十余年，那么惠洪这样的禅林僧人是从何而知的，会不会有惠洪编造假托的可能呢？按比《冷斋夜话》稍晚成书的邵伯温《邵氏闻见录》也记有这个故事，谓"司马温公幼与群儿戏，

①《郡斋读书志校证》卷一三子类小说类《冷斋夜话》解题，第590页。
②例如吴曾《能改斋漫录》卷三《辨误》"冷斋不读书"条谓《冷斋夜话》记黄庭坚谪宜州所作诗，实为白居易之诗作，惠洪误系于黄鲁直（北京：中华书局，1960年，第68页）。又陈善《扪虱新话》卷八"冷斋夜话诞妄"条称《冷斋夜话》假托黄庭坚赝作和惠洪诗词（《四库全书存目丛书》影印明崇祯虞山毛氏汲古阁刻《津逮秘书》本，济南：齐鲁书社，1995年，子部第101册，第301—302页），四库馆臣评曰惠洪"求名过急"，"所作《冷斋夜话》，至于假托黄庭坚诗以高自标榜，故颇为当代所讥"（《四库全书总目》卷一五四集部别集类《石门文字禅》提要，北京：中华书局，2008年，第1331页）。
③陈垣：《中国佛教史籍概论》卷六"禅林僧宝传"条叙惠洪生平，北京：中华书局，1988年，第132—134页。

一儿堕大水瓮中，已没。群儿惊走不能救，公取石破其瓮，儿得出"，且将其与文彦博少时灌水得球一事相并举，称"识者已知二公之仁智不凡矣"。①邵伯温居于洛阳，自其父辈邵雍始便与司马光交谊甚深，②对有关司马温公之言行事迹多有耳闻，故《邵氏闻见录》的这一记载可增添"司马光击瓮"故事的可信性，至少说明此事自有其来源。尽管惠洪《冷斋夜话》所记多有不实，但"司马光击瓮"的故事大概是据时人传言而记录的，并非惠洪捏造。

通过以上分析可知，《冷斋夜话》所载"司马光击瓮"故事大致可信，"非饰说"，且其谓"京洛间多为《小儿击瓮图》"，说明此事在北宋末民间流传很广。然而历史的复杂性在于某些文献记载虽有所依据，但却未必实有其事，就"司马光击瓮"故事的产生及其真实性问题而言，我们还需要结合司马光去世前后的社会背景和政治舆论环境作更深入的分析。

---

① 《邵氏闻见录》卷九，第97页。按《邵氏闻见录》成书于绍兴二年（1132），后由邵伯温之子博整理定稿，书前有二人序文。

② 《宋史》卷四三三《邵伯温传》云："雍名重一时，如司马光、韩维、吕公著、程颐兄弟皆交其门。伯温入闻父教，出则事司马光等，而光等亦屈名位辈行，与伯温为再世交。"（第37册，第12851页）

四、"活人"与"拯溺"："司马光击瓮"故事产生的舆论环境

如上所述，"司马光击瓮"故事在司马光生前从未见人提起，而于北宋末期骤然流行，其中必有缘故，需从司马光离世前后的政治局势和社会舆论加以着眼。众所周知，宋神宗任用王安石掀起了一场轰轰烈烈的改革运动，然而在新法推行过程中弊端丛生，贻害无穷，致使百姓困顿，民怨沸腾。司马光则因反对变法，政见不合，离开朝廷，在洛阳闲居十五年。元丰八年（1085），神宗卒，哲宗即位，太皇太后高氏临朝听政，下诏起用司马光，入朝除为门下侍郎，后进拜尚书左仆射兼门下侍郎，出任首相。此时，司马光作为反变法派的领袖，久负盛名，被百姓寄予厚望，希冀他能革除弊政，又安天下。苏轼所撰司马温公《行状》及《神道碑》记述司马光入朝时的情形，提到两个重要细节，或与"司马光击瓮"故事的产生有关。

其一，《行状》云："神宗崩，公赴阙临，卫士见公入，皆以手加额，曰：'此司马相公也。'民遮道呼曰：'公无归洛，留相天子，活百姓。'所在数千人聚观之。公惧，会放辞谢，遂径归洛。"[1]司

①《苏轼文集》卷一六《司马温公行状》，第488页。同书卷一七《司马温公神道碑》谓"至京师，闻士大夫言，公初入朝，民拥其马，至不得行，卫士见公，擎跽流涕者不可胜数，公惧而归洛"（第512页）。

马光进京吊祭神宗，卫士皆行额手礼以示敬重欣喜，更有"擎跽流涕者"，庶民数千人聚观遮道，"拥其马，至不得行"，请求他留朝任相，所谓"活百姓"一语道出民众心中的急切呼声。不仅京师如此，他处亦然。据《神道碑》言，当时苏轼"自登州入朝，过八州以至京师，民知其与公善也，所在数千人，聚而号呼于马首曰：'寄谢司马丞相，慎毋去朝廷，厚自爱以活百姓。'如是者，盖千余里不绝"。①知希望司马光重返朝廷拜受宰相以救活百姓乃是其时北宋各地民众的共同心愿，就此王辟之《渑水燕谈录》也有一段记载可引以为证：

> 司马文正公以高才全德，大得中外之望，士大夫识与不识，称之曰君实，下至闾阎匹夫匹妇，莫不能道司马。故公之退十有余年，而天下之人日冀其复用于朝。熙宁末，余夜宿青州北淄河马铺，晨起行，见村民百余人，欢呼踊跃，自北而南。余惊问之，皆曰："传司马为宰相矣。"余以为虽出于野人妄传，亦其情之所素欲也。故子瞻为公《独乐园诗》曰："先生独何事，四海望陶冶。儿童诵君实，走卒知司马。"盖纪实也。②

①《苏轼文集》卷一七《司马温公神道碑》，第512页。
②王辟之：《渑水燕谈录》卷二，吕友仁点校，北京：中华书局，2006年，第17—18页。

据此可知，司马光名重天下，闾阎妇孺皆知，“冀其复用于朝”，熙宁末年青州地区还出现了“司马为宰相”的谣言，虽所传不实，但却真切反映出百姓之“素欲”。究其原因，当归结于司马光“活百姓”思想在社会上已深入人心，人们相信只要司马光拜相任事，必能革弊除害，救民水火，故庶民莫不敬仰爱戴，《神道碑》谓光死后，“京师之民罢市而往吊，鬻衣以致奠，巷哭以过车者，盖以千万数。……民哭公哀甚，如哭其私亲。四方来会葬者盖数万人。而岭南封州父老相率致祭，且作佛事以荐公者，其词尤哀，炷爇于手顶以送公葬者，凡百余人。而画像以祠公者，天下皆是也”，[1]当为实录。《渑水燕谈录》又称司马光“及薨，京师民刻画其像，家置一本，四方争购之，画工有致富者，公之功德为民爱如此”。[2]

其二，《行状》记载“元丰之末，天下多故，及二圣嗣位，民日夜引领以观新政”，然此时“进说者以为三年无改于父之道，欲稍损其甚者，毛举数事以塞人言”，司马光慨然争之曰“先帝之法，其善者，虽百世不可变也。若安石、惠卿等所建，为天下害非先帝本意者，改之，当如救焚拯溺，犹恐不及”，并援引历史上汉景帝废文帝斩笞之极刑、汉昭帝罢武帝盐铁榷酤均输之法、唐德宗革代宗纵宦官之风、唐顺宗罢德宗之宫市等子变父政的事例，

①《苏轼文集》卷一七《司马温公神道碑》，第512—513页。
②《渑水燕谈录》卷二，第20页。

为哲宗改制提供历史依据，且称"况太皇太后以母改子，非子改父"，最后"众议乃定"，遂悉废新法。① 司马光认为哲宗即位后当务之急是要革除王安石、吕惠卿等人所行弊政，且形容其局势"如救焚拯溺"，此语后来流传颇广，并成为宋人用以称誉元祐诸臣改弦易辙、施行仁政的一个固定语汇。例如，曾从学于司马光的刘安世谓"温公当揆路日，盖知后必有反复之祸，然仁人君子，如救焚拯溺，何暇论异日事"，② 即推崇司马光当机立断、厉行革弊的做法，又吕中《大事记讲义》径称"司马光之变法如救焚拯溺"。③ 南宋科举类书《新笺决科古今源流至论》在概述各类考题答题要点时多次提及元祐更化事，均有"拯溺救焚"之语，如"元祐以拯溺救焚之仁，为改弦易辙之举，罢青苗、免役之法，去市易、均输之政，吾民至是始有庆历之望"，④ "元祐天子变更新法，司马洛中召用，奋然以拯溺救焚为意，宁逐熙丰之党，而不念异日之祸，宁罢青苗之法，而不忌小人之怨"，⑤ "诸贤以拯溺救焚之

---

① 《苏轼文集》卷一六《司马温公行状》，第489页。

② 《三朝名臣言行录》卷七《丞相温国司马文正公》引《刘先生谭录》，第596页。按此书即《刘先生谈录》，系韩瓘记刘安世所谈二十一则，参见《直斋书录解题》著录（卷九儒家类，第279页）。

③ 吕中：《类编皇朝大事记讲义》卷一八《哲宗皇帝·罢置等法》，张其凡、白晓霞点校，上海：上海人民出版社，2014年，第325页。

④ 林駉：《新笺决科古今源流至论·前集》卷三《赋税》，《中华再造善本》影印元延祐四年圆沙书院刻本，北京：北京图书馆出版社，2005年，叶14a。

⑤ 《新笺决科古今源流至论·后集》卷六《吏责》，叶5b—6a。

心，为改弦易辙之举，诏令一新，老稚称快，贤才相望，夷狄知畏"。^①在一部面向普通士人的日用科举参考书中频繁出现"拯溺救焚"一语，说明其作为司马光罢废新法的一个形象比喻，在民间社会已有相当的普及度。

由以上分析可知，元祐元年（1086），司马光肩负天下人冀其"活百姓"之厚望，入朝拜相，变更熙丰之法，有"救焚拯溺"之喻，广为传颂，这构成了司马光死后博得盛誉的重要舆论背景和社会基础。这种独特的政治舆论环境与"司马光击瓮"故事的出现应当存在密切关系。按"司马光击瓮"其实就是一个典型的拯溺救人故事，^②而惠洪《冷斋夜话》对此事的解释是说"盖其活人手段已见于龆龀中"，所谓"活人手段"即是司马光"活百姓"之仁心的一个具体表现，"活人"与"拯溺"两者结合相得益彰，可以很好地展示司马光的仁者形象，并说明其"仁术"已孕育于儿时。^③而且这个故事不见于司马光生前，恰恰出现于其盖棺论定之后，当非偶然，实际上它正是在那个特殊的时代氛围和舆论

①《新笺决科古今源流至论·别集》卷四《历代人才下》，叶4b。

②方孝孺《逊志斋集》卷二三《司马温公》诗称"倾否难永图，拯溺有遗巧"（《四部丛刊初编》本，叶19b），邓志谟《兰雪堂古事苑定本》卷五《幼颖》亦谓"司马五龄击瓮即占拯溺"（《四库全书存目丛书》影印清康熙兰雪堂刻本，子部第231册，第187页）。

③南宋初施德操《北窗炙輠录》卷下转载此故事，称司马光"公为儿时，仁术已如此矣"（虞云国、孙旭点校，《全宋笔记》第3编第8册，郑州：大象出版社，2008年，第189页）。

环境之下应运而生的。

　　在此不妨对"司马光击瓮"故事的产生及传播过程作一大致推测：司马光死后人们感念其在危急时刻行"救焚拯溺"之举以"活百姓"，遂在民间逐渐传出司马光儿时击瓮救人的故事，以宣传其仁者形象，并绘成《小儿击瓮图》流行于京洛之间。惠洪《冷斋夜话》是目前所见最早记载此事的文献，其后这个故事便风行于南宋，被采入朱熹《三朝名臣言行录》，最终进入《宋史·司马光传》。至于司马光年幼时究竟有没有发生过击瓮救人之事，则已不得而知。一种可能是它确有其事，但在司马光生前人们并不觉得此事有何异常之处，不值一提，直到司马光去世后，在特定的政治舆论环境下才被人发掘出其独特的宣传价值。同时也完全存在另一种可能性，司马光儿时本无其事，至北宋末有人将当时民间发生过的髫童击瓮救人事件嫁接假托于司马光，从而编造出这样一个故事。因此，"司马光击瓮"本事之真伪尚可存疑，通过以上论述，我们可以考究的是它产生并流行的原因和背景，这其中具有一定的复杂性。

　　最后，附谈一点历史知识传播过程中所发生的焦点转变问题。今人对于"司马光击瓮"故事大多是从急中生智、启迪智慧的角度去加以阐释的。但在宋代，人们关注的焦点似乎主要不在于击瓮救人的过程，[①]而是这个行为本身所蕴含的深刻意义，即司马光从小养成的救民之心，《冷斋夜话》称之为"活人手段"，南宋王十朋亦言"君不见温公年方髫龀时，奋然击瓮，活小儿，至今遗事在图画，活人手段良可奇"，[②]另有人解释为"仁术"，这是司马光后来施行仁政、救护百姓的一个思想源头。这个有趣的现象或可提示我们在考察某些历史故事时，除辨析其真伪之外，更应回到当时人的叙述语境之中，去探究这些故事产生的舆论环境及其政治文化涵义。

（此文原署邱靖嘉、蒲俊合撰《试析"司马光击瓮"故事的史源及其产生背景》，刊于包伟民、刘后滨主编《唐宋历史评论》第5辑，北京：社会科学文献出版社，2018年。）

---

①当然也有宋人从急智的角度去理解，如罗大经《鹤林玉露》乙编卷六《临事之智》谓"大凡临事无大小，皆贵乎智。智者何？随机应变，足以弭患济事者是也"，其下举例称"小而文潞公幼年之浮球，司马公幼年之击瓮，亦皆于仓卒之中，有变通之术"（王瑞来点校，北京：中华书局，1983年，第220页）。
②王十朋：《梅溪王先生文集》卷八《左原纪异》，《四部丛刊初编》本，叶1b。

知识与思想的普及

第三章 历史学"综合分析"的思维方式

包伟民

本章要讨论的主题是关于历史学"综合分析"思维方式的问题，以下分三个部分来论述。首先，简单介绍一下关于历史学思维方式的概念；其次，讨论在现今的新媒体时代，"综合分析"的思维方式有什么特别的意义；最后，我们再举一个例子——宋代民族英雄岳飞形象的历史塑造，来具体说明从尽可能宽的视角来观察历史、即"综合分析"的必要性。

一、什么是历史学的思维方式

什么是历史学"综合分析"的思维方式？请允许我先举两个例子来作为引子。

今年年初我浏览网络，看到有一个人发贴子，说自己2023年的新年愿望有两个，第一个愿望关于他自己要如何如何，我们这里不去提它；第二个愿望有点奇怪，他希望在新的一年里专家们不要乱讲话。近来大家对"专家"颇多吐槽，这位网友的新年愿望，让我想起了前些时间的两个旧闻。

第一个是2015年的一则消息："近日，浙江一位大学教授在网上发博文称，收入低的男人可以合娶一个老婆，同性恋婚姻合法化，或可以解决光棍危机。"①

可以想象，这则堪称奇葩的博文马上在网上引发了一阵口水仗。我们知道，这位教授发此奇想的原因，是因为如今我国适婚年龄男女性别比例失调严重，他试图出奇招为社会解决"光棍危机"。我没有去看国家统计局公布的具体数据，根据近年来陆续看到的一些信息，适婚年龄人口结构中男多女少，大约已经达到了1.2:1的比例，年轻男性比女性多了好几千万。多出来的这几千万年轻男性将找不到配偶，成为"光棍"，这当然会带来严重的社会问题。大家可以看到近些年来女性在婚恋关系中越来越强势，变成了稀缺资源，一定程度上就与此有关。

一般来说，自然生育的男女性别比例大体平衡，历史上中外

---

① 原网页已不可见，今见报道《浙江财经大学谢教授提议，穷人可以合娶一个老婆，解决光棍问题》，网易新闻2023年6月13日，网址见 https://c.m.163.com/news/a/I745N4PI05534CRD.html。

婚姻制度主流都是一夫一妻制，它的前提就是性别比例的自然平衡。目前我国适婚年龄男女性别比例失调现象，是因为在生育过程中人为干涉等多方面原因造成的。此外，现在奉行不婚主义的年轻女性比男性多，也是造成适婚年龄男性求偶困难的一个原因。不管怎么说，男女性别比例失衡的确是一件令人头疼的事情，才使得这位教授想出了这么一个奇葩的办法。而且，面对网友们铺天盖地的批评意见，这位教授依然坚持已见，说要不然你们倒给一个办法出来试试？说真的，我们还真给不出来。

现在的问题是，这位经济学教授为什么这样说，他的理由是什么？他说应该利用经济学的原理，来解决适婚年龄男女比例失调问题，按照市场调节的办法，价高者得。因为婚姻就是一场交易，女性是资源，得花钱买。收入高的男人优先找到女人，因为他们出得起高价。好像网上那些针对社会问题发言的专家，经济学人士尤其多。这是因为经济学属于应用性学科，所谓的"经世之学"，更多地涉及到社会实际问题，不像我们历史学，距离现实较远。

第二个旧闻，那位专家是行政管理学教授，她建议大家50岁退休后，应该先干15年义工，到65岁再领取退休工资。①

---

① 原网页已不可见，今见报道《语出惊人：杨教授建议退休后晚15年再领退休金，可缓解养老压力》，搜狐新闻2023年5月21日，网址见https://www.sohu.com/a/677650348_121119347。

这个想法她在2013年就提出来了，从2013年至今，面对各种批评意见，她也一直坚持己见。那位教授提出这样一个建议的背景也很简单，我们大家都知道，现在国家社保资金紧张，于是她开始动脑筋，那就让大家少拿一点嘛，不就够用了吗。

我举这两个例子，主要是想引出一个问题，就是那些所谓的专家，他们为什么会想出这些奇葩的主张？前一个例子，那位教授说婚姻就是经济关系，是一场交易，但是，婚姻难道仅仅是经济关系吗？后一个例子，社保资金也一样，它难道仅仅是一个财政问题吗？这些专家，我相信他们在自己的领域里面都学有所长，相当优秀，但是，问题就在于他们只站在其本学科的立场上面来考虑问题，视野太过狭窄。婚姻关系首先是个社会问题，绝不仅仅是个经济问题，或者说它绝不主要是一个经济问题。几个人共享一个老婆，法律与社会伦理问题怎么解决？但人家不愿意去考虑。一个50岁的工人退休了，你让他到65岁才拿退休金，这在法律上合不合法？你让他耗15年去做没有收入的义工，他怎么生活呢？人家也不管。总之从他们自己的立场出发看来，其所针对的问题就这样解决了，那不就行了吗？

所以，现在大家吐槽各种专家，称其为"砖家"，是有道理的。当然，专家之被称为"砖家"原因还有不少，我们这里也不展开讨论。

人类社会之错综复杂，大约只有自然界可以与之相比拟。任何一个社会现象，它的背后都千头万绪，绝不是仅从一个侧面可以说得清楚的。容我直率地说，将社会现象分解开来，主要从一个侧面去作分析，还是试图将它们综合起来，从多视角去观察，这就是许多现代社会科学跟历史学之间一个比较重要的区别。历史学强调从纵向（时间）与横向（空间）两个维度、尽可能多的侧面去分析、理解社会现象，这就是我们一般说的讨论一个历史现象，得看它的社会大背景。

许多现代社会科学的各个学科与此有所不同，它们的特点是把整体的人类社会解剖开来：经济学，就从经济角度来看问题；政治学，就从政治角度来看问题，凡此等等。人类社会是一个整体，那些学科把社会切开来，只从一个角度看问题。另外的侧面，那些"砖家"既不想了解，也不太懂。

从近代以来，我们认识世界的一个主要趋向是走向科学主义，那是科学对我们造成的影响。社会科学这个概念本身就是借鉴科学一词形成的。假如给你一个英文单词"science"，你把它译成"科学"，当然没错。但是，这个单词本来就是指"研究自然的学问"，中国人为什么一定要在它前面再给加上"自然"这一前缀呢？因为，我们另外有一个所谓的社会科学。所以如果你把"自然科学"这四个汉字倒回去直译成英文，变成"natural science"，外国人就看不懂了。科学本来就指的是研究自然界。只是因为科学的影响太大了，以至研究人类社会的学问也想向它靠拢，觉得自己的学问也很客观、很"科学"，所以才有了"社会科学"——研究社会的科学——这么一个词汇，于是逼得"科学"前面不得不再加上一个"自然"来作区分了。

如果仅仅是这样的概念借用，当然关系不大，比较麻烦的是社会科学也照搬科学的范式，将研究对象分解开来，人家是物理、化学、生物等等，社会科学则是经济、政治、人口等等。当然，真正优秀的经济学家肯定也不会将婚姻看作是一场交易，要命的是，这样的学科分类容易使得平庸之辈形成一种狭隘的分析思路，只顾一点，不及其他，管中窥豹，以偏概全。

任何社会问题都是一个复合体，所以，历史学强调要综合分析。例如，历史上发生的任何一次灾荒，都不是单纯的农业经济问题；明代张居正力主推行"一条鞭法"，也绝非仅仅出于财政原因。但是，各种要素的相互作用，我们又很难给出准确的"计量"，说清楚哪个要素究竟起到了多少百分比的影响作用，只能通过综合分析给出一个大致的推断。这大概就是历史学之所以被归为人文学的重要原因。看起来它很不"科学"，有时甚至语焉不详，但也正是这种综合的"含糊"，在某种程度上，其实它又比那些看似精准的、将社会分剖开来、只从某一侧面狭隘地观察社会的学科更加靠谱，更加科学。

以前我曾在另外一个学术机构工作，当时就觉得那儿的主管领导比较难沟通，因为他们大多出身于应用性学科。习惯应用性学科思维的人，他们对任何问题都试图要给出一个一清二楚的答案。但是，有些问题是给不出答案的，它的答案需要根据不同的环境设置变量，显得有点模棱两可。有些领导就不理解了，你们怎么连一个清晰的答案都给不出呢？这就是我们与他们在思维方式上面的区别。

历史学思维方式的特点是什么呢？我认为就是综合分析。这种分析不太容易量化，很多时候都是一种含糊的变量。为什么我这两年一直强调这个概念呢？我们经常会说一个人受某个学科熏陶久了，会形成自己的一些思维特点。这个人看问题、分析问题，甚至语言方式都会受影响。例如刚才说的那位经济学教授，他把任何问题都看作是一种经济交易。讲成本、讲收益，追求效益最大化，凡事追求精准，这就是经济学的思维方式。其他的，法学、管理学等等，受其专业熏陶日久，也都会形成自己独有的思维方式。

以前很少有人讲历史学的思维方式，那历史学有没有自己特定的思维方式呢？我觉得应该有，这就是我这两年经常唠叨的"综合分析"。我试图从不同的学科熏陶形成的一种思维特征角度来作为一个引子，来跟大家讨论这门"新媒体时代的历史学"课程。当时我提出设计这么一门课，就是因为很多社会现象给了我触动。人文学与社会科学研究方法有差异，社会科学强调解剖，人文学强调综合。我们千万不要把人文学叫作人文科学，人文其实没办法"科学"，哲学怎么"科学"呢？文学怎么"科学"呢？人文学没办法"科学"，没办法计量。所以，有人把历史学叫历史科学，我觉得也不完全贴切。我们就是从这样的立场出发来设计"新媒体时代的历史学"这门课的。

二、关于新媒体时代的历史学

我们都知道进入21世纪以后，时代变了，人类进入新媒体时代。我经常会说我们这一代人经历的世界变化之大，是你们这代人感受不到的。为什么呢？我出生在浙江省宁波市，算是城里人，小时候家里连电灯、自来水都没有。家里装自来水得到20世纪70年代末，电灯早一些。所以，在我成长过程中亲身体会到从半农半工时代，慢慢进入到工业化时代，最后才进入信息时代。我第一次用电脑是在1990年。现在已经是后信息时代，信息过剩的时代了。这样的一个转折说明了什么？说明我们的时代变了。我们那个时候在大学听课有点辛苦，要不停地记笔记，哪像现在可以拿起手机，咔嚓一下就把PPT屏幕拍了下来，还可以请求老师把PPT文档发给大家。我们当时听课，男同学都比较懒，听课记笔记不认真，考试前大家就要很辛苦地从其他同学那儿借来笔记抄录、背诵。有些女同学很认真，笔记很完整，大家就把她们的笔记借过来抄。而且常常不止一个男同学借笔记，要排队等着。我第一次看到复印机真开心，一下子整张纸就复制出来了，原来是一个字一个字抄的。有的同学用复写纸，手劲大的人，一次可以复写三四份，我一次只能复写两份。

时代变了，这对我们的学习有非常大的影响。我们现在讲一堂课，信息量比原来大多了。以前老师上课要写很多板书，很辛苦。学生都跟着老师抄板书，记笔记。原来信息是稀缺资源，现在变得过剩了。这种变化是革命性的。我们现在展示在PPT上的资料，如果都写在黑板上，要抄好半天，而且很多图像资料原来更不可能展示。所以，我们的时代变了。

如果讲得远的话，还可以有更多例子。比如说，我们从历史中去看信息传递的变化。古代刻石经的故事大家应该都听说过一些，北京周围相关古迹最有名的是房山石经。古人为什么要刻石经呢？仅仅是为了把信息留下来？没那么简单。汉武帝废黜百家，独尊儒术，请了五个博士讲课。为什么要请博士讲课？因为没有教科书，知识都装在博士们的脑子里面。博士讲，学生听。东汉太学发展以后，为什么有那么多学生必须要到太学里去听老师讲课？因为买不到书，那时候也没有书可以卖。但是，不同的老师讲课可能会有出入。比如说讲孔子的《论语》，老师逐段背颂经文，并讲述自己的理解，学生们边听边记。老师有没有可能背错呢？有没有可能差几个字呢？出现这种事是要命的，因为学生要拿老师讲的内容去应付考试，成绩好就可以当官。后来的科举制度就是从两汉太学慢慢演变过来的。学生考试没有标准答案，没有标准文本，没有标准教科书。怎么办？于是政府就把儒家经典刻到石碑上去，公布于众，这样就有标准了。大家去看东汉刻的《熹平石经》，就是在这样的背景下产生的。当时国家的藏书机构兰台里面藏有儒家经典，用漆书写于简册，称作兰台漆书，太学生们应付考试，有时发现自己的答案写错了，怎么办？常有人贿赂兰台掌管漆书的官吏，暗中改漆书文字，让它与自己的答卷文本相符，以致学者们莫辨真伪。主管太学的祭酒蔡邕觉得这样下去不行，"经籍去圣久远，文字多谬，俗儒穿凿，疑误后学"，熹平四年（175），他与几个官员一起给皇帝打了一个报告，请求"正定《六经》文字"，得到汉灵帝的批准。于是蔡邕亲自书写经文，命人刻到石碑上去，将石碑立于太学门外，等于是将一份经过官方校定的儒家经典文本公布于众，于是天下士子都到太学前来抄写这些经文，人数之多，"填塞街陌"。①

石经就沿着这种思路一路发展下来，后来又兼而具备了仪式性的功能，例如房山石经，那是为了做功德，因为刻的是佛经。到唐代初年，随着科举制的发展，需要标准教科书的情况依然存在。唐太宗李世民命大臣颜师古校勘五经文本，称为《五经定本》，于是士子们参加科举考试就有了统一的教科书。后来又有

----

① 《后汉书》卷六〇下《蔡邕列传》，北京：中华书局，1965年，第7册，第1990页。

《五经正义》，将关于儒家经典的那些注疏也都校定、统一了起来，官方给予经典统一的解释。这样科举考试才有一个标准课本、标准答案，最后才可以有统一的录取标准。所以如果我们沿着这个思路去梳理整个历史时期，就会发现这些好玩的事情。这一段历史告诉我们，关于我国古代石经的演变发展可以从不同的侧面去观察它，文化、信仰、政治，甚至技术等等要素都在其中产生有相当的影响，不能一概而论。

我们现在又处在了一个新的历史转折时期。前面提到，我们从半农半工时代走向工业时代，再从工业时代走向信息时代，现在又从信息时代走向了多媒体时代。进入到新的时代以后，我们又碰到什么问题呢？信息过剩。我们现在面临的问题常常并不是如何去寻找更多的信息，而是如何判断、选择对我们有用的信息。另一方面同样重要的是，我们关于历史的书写形式不仅有了较大的选择自由，而且可以更方便地与其接受者进行多向交流与互动。在这样的情况下，历史书该怎么写？这也必然会与以前有较大的不同。

这一切都推动我们对历史学的教学方法做出调整，以适应新媒体时代的特点。所以，我们"新媒体时代的历史学"这门课的设计，试图放弃以传授知识为要旨的传统路径，转向思想方法，也就是关于思维方式的选择，试图训练大家慢慢掌握综合分析的方法。

让我们举一个例子来作说明——关于历史的通俗写作。

现在我们如果到书店去看一看，会发现各色各样的历史书真是汗牛充栋，让人沮丧。已经有了那么多书，自己再写一本有什么意思呢？但是，你再仔细看看那些书，容我坦率地说，大部分都是非专业人士写的。专业学者往往有点清高，不太看得起那些非专业人士，有时称他们为"民科"。但是冷静想一想，现在"民科"似乎给我们出了一道难题：他们写出来的那些历史读物大多情节曲折，文笔灵活，常常比我们这些专业学者写得细致好看多了。尽管他们笔下那些关于历史的细节不少出自想象，不一定可靠，我们大可视而不见，但是却很无情地映衬出了专业学者的某些不足。写作能力等方面暂且不提，我们就一定了解许多正确的历史细节吗？

举一个关于我个人的例子。我主要研究宋代历史，有次在本科生的课上，有学生问我，宋人一天吃几餐？我一时懵了，答不出来。因为平时写学术论文，用不着这样的信息，从未关心过。我说容我回去想一想。后来我找到相关资料，第二次上课时回答了他的问题。我告诉他，宋人一般一天吃三餐是没问题的，农闲期间穷人可能会只吃两餐。整个传统社会大体上可能都是这样的，一天三餐应该是符合人的生理需求的，但是粮食供应充裕与否永远是一个问题。历史学的麻烦在哪里呢？比如你说一个答案，你就得证明它，要找到资料来证实它。我这样去回答那个学生，因为我找到了一些记载。后来还碰到过学生提出别的一些问题，也一时难以回答，例如宋人比现在的人是高还是矮等等。

这样的例子说明此前我们对许多历史信息了解不够，不少历史面相被忽略了。这就是新媒体时代对历史学提出的新挑战。我们习惯于对历史进行社会科学式的分析讨论，知识框架是不全面的。原来我们讨论、分析历史时，获取的信息可能是有欠全面的。

进入新媒体时代后，随着传播手段的进化，以及国民对民族历史的兴趣提高等等，这些因素反过来推动着专业学者去掌握更多的历史信息。英国历史学家爱德华·卡尔（E.H. Carr）的名言大家都熟悉，他认为历史现象纷纭万千，几乎不可穷尽，只有被历史学家所关注的那些历史现象，才有资格被称为历史资料，成为"历史事实"。①现在是时代推动着历史学家去关注更多的历史现象，让它们成为历史资料，成为历史事实。除传统的文字资料之外，新媒体技术也使得图像、视频资料比以往更方便地纳入了我们的知识体系。因此不管是历史的写作，还是历史的教学，都应该作出必要的调整。调整的思路之一，就是希望通过拓展历史资料，让大家知道历史现象并不是我们现在所了解的单一面相，它们其实相当复杂，可以从许多不同侧面去作观察。

我对现在的中学历史教学有一些意见，主要是因为它试图对

①［英］爱德华·卡尔（E.H. Carr）：《历史是什么?》，北京：商务印书馆，2007年，第91、93页。

所有现象都给出一个唯一正确的解读答案。当然我也理解，这里面有一份无奈，因为按目前的考试方法，只能有一个标准答案，弹性答案可能引发复杂的社会问题。但是，如果我们对改进考试的办法无能为力，也起码应该试着告诉学生，那些看似正确的答案，其实只不过是某种选择而已，历史现实远比答案更复杂。所以，怎样让刚刚走进大学校园的新生们走出中学历史教学的误区，也是这门课的一个重要目标。

前两年网上流传葛剑雄教授的一个说法，他认为在史学领域，大学的一个重要任务就是要打破学生在中学建立起来的知识框架，重新来过。其实很多老师都说过这样的话，因为这是大家都看得到的社会现实。

此外同样重要的是，新媒体时代也使得作者与读者之间架起了远比以前更为方便的交流渠道，且不说线上讨论直接沟通，大量自媒体作者都可以很方便地表达他们对历史现象的意见，或者发布他们自己编写的历史读物。且不管这些意见与读物是不是可靠，起码是人们所表达的关于历史现象的看法，它们也是所谓"复杂历史面相"的重要组成部分，历史——不是指作为客观存在的那个历史，即人类以前所有的社会活动，而是指我们根据资料复原的"历史"——本来就是人们关于过去的一种认识。因此，我们强调历史学"综合分析"的思维方式就更加有必要了。

三、岳飞形象塑造给我们的提示

让我们再举一个例子——关于岳飞身后形象的演变，来验证一下上面的这些说法。

岳飞是我国历史上伟大的民族英雄，2023年年初新上映的电影《满江红》拍的就是关于他的故事。有人说好看，有人说不好看。除去艺术水平因素之外，这种意见的分歧也许正说明人们心目中的岳飞不完全一样。

岳飞是一个大话题，关于他身后的形象为什么值得讨论，是因为我们今天对岳飞的看法，掺杂着政治、民族、古今不同时代等等各种复杂因素的影响，所以他是展示历史学综合分析思维特征的一个很好例证。

这张《中兴四将图》（**图1**），其中四位将领从左到右分别是岳飞、张俊、韩世忠、刘光世，相传是南宋绍熙年间一个叫刘松年的人画的。这几个人物中其实岳飞的地位最低，辈分最低，年纪也最轻。岳飞早年还曾是张俊的部将，后来地位上升，才成为大将。"大将"在当时有特定的含义，一定要拿现在军队中职务去比拟的话，起码相当于大军区司令。今天大家都认为岳飞在这四个人中最厉害，是排在第一位的。大家去查一下百度词条，它上面就说岳飞是中兴四将之首。从南宋时的最末位变成了今天的首位，这个变化怎么产生的？这是我们提出这个问题的一个原因。

图1 南宋刘松年《中兴四将图》①

　　如果现在有两个人要争论岳飞是否为四将之首，有点无厘头，因为两个人立场可能不一样，依据的资料也不一样。这样的争论没有什么意义。这就好像网络上的口水战一样。我是江浙人，我觉得江浙的菜肴很好吃，现在网上有很多人却说江浙是美食荒漠。当然，也有人说北京是美食荒漠，那是早就有的说法了。口味其实是相当个性化的事情，江浙的人喜好清淡，强调食材的新鲜，这影响了本地区饮食的口味特色。现在人口流动频繁，大量其他地区的人来到江浙，有一些口味相对重，他们怀念家乡菜，不太习惯清淡口味的江浙菜，在网上抱怨，这才有了江浙是美食荒漠的说法，杭州名菜西湖醋鱼尤其成了众矢之的。我长时间在北京生活，仍然不太习惯北京的饮食，觉得没什么美食，但老北京们一定觉得这里好吃的东西太多了。因此，两个人立场不一样，对

————————

① 启功主编：《中国历代绘画精品·人物卷：墨海瑰宝》，济南：山东美术出版社，2003年，第154—155页。

同一件事情就会产生不同的判断。

这个道理同样适用于人们关于岳飞的看法。我们的问题是，岳飞在中国古代武将中无与伦比的历史地位是怎么形成的？他的生平梗概我就不介绍了，大家都知道。例如关于岳飞的出生，有个灵异故事：他母亲在生他的时候，天上飞来一只大鹏鸟，鸣叫着停在了他家的屋顶上，"有大禽若鹄，自东南来，飞鸣于寝室之上"，随后岳飞就出生了。这个故事非常正面，大鹏鸟的形象很高大，现在我们都采用这样的说法。岳飞表字鹏举，据说也与这个故事有关。这个故事记载在哪里呢？在岳珂所编纂的《金佗稡编》那本书里。[①] 岳珂是岳飞的孙子，岳飞平反以后，岳珂收集祖父的生平资料，编成了这本书。当时他把能够搜访得到的有关岳飞生平的正面资料，都不遗巨细地编了进去，大鹏鸟转世的故事也不例外。

但是，关于岳飞也有一些看起来负面的记载，岳珂就没有编到书里去。比如说，岳飞与皇帝的关系。朱熹曾说："诸将骄横，张、韩与高宗密，故二人得全。岳飞较疏，高宗又忌之，遂为秦所诛。"[②] 这是可以理解的，当一个人有了权力以后，他的行为会

---

① 岳珂编、王曾瑜校注：《鄂国金佗稡编续编校注》卷四《行实编年一》，北京：中华书局，1989年，上册，第56页。

② 黎靖德编：《朱子语类》卷一三一《本朝五·中兴至今日人物上》，北京：中华书局，1986年，第8册，第3148页。

相对专断一些。时间一久，也会影响其言行举止，就是我们先前说的，会影响人的思维方式。所以，朱熹说"诸将骄横"，当时大将的权力确实非常大。因为刘光世早被免职了，所以朱熹提到了其他三位大将和皇帝的关系。相比于岳飞，张俊和韩世忠与高宗赵构的关系更亲密一些，岳飞与皇帝的关系"较疏"，高宗忌惮他，后来岳飞就被杀了。朱熹没有明说是被赵构所杀，只说为权相秦桧所诛。这可以理解，南宋的人当然不敢公开指责赵构。

高宗赵构在位的时候，尤其是权相秦桧死之前，南宋朝廷不断抹黑岳飞的形象，因为只有树立起岳飞作为罪臣的形象，他们杀害岳飞、与金人和议才显得有正当的理由。所以他们在杀害岳飞之后，还将相关案情"令刑部镂板，遍牒诸路"，[1]就是试图把他们编造的所谓岳飞的"罪行"，让天下人都知道。当时一般民众都有皇权思想，崇拜皇帝，无不奉皇帝为至上权威，更何况他们也很难有其他的信息来源，所以，在岳飞被平反、并且冤案信息陆续传播开来之前，大多数的南宋民众将他视作罪臣，是可以想象的。

我们这么说，有一个重要证据。后来有一个文人叫王自中，他曾经为鄞州的岳飞庙写过一篇记文——《鄞州忠烈行祠记》，其中提到："岳公事，世所称说者甚多，然其言不雅纯。"王自中的

---

[1] 李心传：《建炎以来系年要录》卷一四四绍兴十二年正月戊申条记事，台北：台湾商务印书馆影印文渊阁《四库全书》本，1986年，第327册，第10页。

这一篇记文，已经被岳珂收入他的《金佗稡编》了，[①]但是具体有哪些"不雅纯"传说，岳珂却回避了，没有记，其他文献中有一些相关的记载留了下来，可以让我们稍作了解。例如洪迈编纂的那本著名的鬼怪故事集《夷坚志》，就记载说岳飞在未发迹之前，曾经有一位相士告诉他"君乃猪精也"，以后"未有善终，必为人屠宰"，劝他尽早想办法避祸，但岳飞不信，后来果然罹难。[②]这样的故事，属于怪力乱神之说，当然不可信，但它能够广泛传播，说明当时人们试图为一位抗金名将被朝廷诛杀、成为罪臣这件事，寻找一个合理的解释。这个解释就是岳飞本为精怪，被诛杀情有可原。这一故事还被保留在同时期的另一本书《独醒杂志》中，[③]两本书看起来并不是相互抄袭，而是各有独立的信息来源，这更说明这一"不雅纯"之说是传播得比较广泛的。

不过，在岳飞得到平反之后，随着诬陷他的罪名被洗清，民众对他的认识不断提高，关于猪精的传闻也就完全被抛弃。为更广大民众所接受、并在后世长久流传的，就是关于岳飞为意象高远、威武勇健的大鹏鸟转世的传说了。

---

① 王自中：《鄂州忠烈行祠记》，收录于《鄂国金佗稡编续编校注》卷三〇，下册，第1646页。
② 洪迈：《夷坚志·甲志》卷一五《猪精》，北京：中华书局，1981年，第1册，第132—133页。
③ 曾敏行：《独醒杂志》卷一〇，朱杰人整理，《全宋笔记》第4编第5册，郑州：大象出版社，2008年，第199页。

归纳起来，南宋时期影响岳飞身后形象的关键因素有三个。

第一，是出于宋金和战关系的需要。绍兴和议以后过了二十年，金国皇帝完颜亮撕毁和约，再次出兵南侵。那时已经是1162年，高宗赵构退位，他的养子宋孝宗赵昚继位，南宋政府才开始慢慢为岳飞平反。那一年七月，继位后的宋孝宗赵昚下令追复岳飞的官职。又过了近二十年，到淳熙六年（1179），赐给岳飞谥号"武穆"。到南宋后期，每当南北关系紧张的时候，南宋政府都会抬出岳飞这位前朝的抗金名将，来鼓舞民心。岳飞就在这样的背景之下，不断被南宋政府利用，追封加谥。所以，在这一历史阶段，可以说南北关系是岳飞身后官方形象形成的关键。嘉泰四年（1204）五月，权臣韩侂胄为了北伐，又让宋宁宗赵扩下诏追封岳飞为"鄂王"，岳飞被追赠的封爵才与南宋初年其他几位大将相等。

第二，是岳飞的孙子岳珂。前面说过，岳珂以孝子贤孙的心态，编纂了岳飞的生平资料集《金佗稡编》，集中记载关于岳飞的正面资料，将岳飞的历史地位提升了不少。后人认为岳珂毕竟是岳飞的孙子，他提供的资料理应可信，所以就常常忽视了其他方面的记载。

第三，南宋中期以后，理学士大夫地位上升，开始主导当时的历史书写。理学家们常常用他们心目中理想的武将形象，去改造岳飞，于是岳飞就慢慢变成了儒将的典范。实际上，岳飞是一位相当勇猛的武将，理学家们将他塑造成雍容儒将的形象，不仅失实，甚至有点委屈他。《宋史·岳飞传》篇末的史论说他"文武全器，仁智并施"，①这就完全是理学化的评价。

　　事实上，南宋时期不同的人群对岳飞的看法都会有一些差别。岳飞的部下，以及他战斗过的那些地区的民众，对他的了解相对为多，应该是持正面看法最为坚定的一部分。士大夫阶层中因为对宋金和战关系立场不同，对岳飞的看法就会有分歧。其他不同人群，因为立场、获取信息渠道不同等等原因，即便在岳飞被平反后，大家的看法也会有出入。总之，到南宋末年，岳飞还没有成为中兴诸武将之首。

　　元、明、清时期，岳飞的形象仍然不断变化。元代的岳飞故事，占主流的是因果报应说，当时人们认为岳飞跟秦桧之间的恩恩怨怨，是受到因果报应的影响。到明代前期，明太祖朱元璋严禁民间讲史，不准随便讲帝王将相或者重要的历史人物的故事。土木堡之变以后，中原地区受到了北方游牧民族的威胁，现实唤醒了相应的历史记忆，岳飞的故事才又开始流行起来。

　　大家或许会以为，建立清朝的满族也是北方民族，他们理应禁止传播岳飞抗金故事，更何况女真人还被认为是满族的祖先呢。实际上却并不是如此，满族统治者看到了事情的另外一面，对他

①《宋史》卷三六五《岳飞传》，北京：中华书局，1977年，第33册，第11396页。

们统治有利的一面，就是岳飞的"忠"，对君主的从无二心。所以，在满族统治下的清王朝，竟然成为了岳飞"愚忠"形象定型的关键时期，其中一个重要推手就是乾隆皇帝爱新觉罗·弘历。在君臣之义的语境里强调岳飞的忠孝，无疑也隐含着试图模糊满汉之间隔阂的政治目的。如果说南宋后期的君臣利用岳飞是为了对抗北方的军事威胁，到了清朝，统治阶级利用岳飞则是为了强调忠孝，巩固自己的统治。

在王朝体制之下，我们可以把岳飞定格在三种不同的关系里，第一是君臣之义的上下关系，第二是忠奸之间的平行关系，譬如他跟秦桧的关系，第三是华夷之辨的内外关系，也就是汉族跟北方民族的关系。乾隆把岳飞的形象定格在君臣之义的语境之中，而把另外两个侧面全部忽略、淡化了。从此以后，岳飞愚忠的形象彻底定型。乾隆几次下江南，每次到杭州他都要到岳庙去写诗，那些诗其中有两句是"读史常思忠孝诚，重瞻宰树拱佳城。莫须有狱何须恨，义所重人死所轻"，他对岳飞的形象下了定义——"忠孝诚"。于是，汉人与满族皇帝就拥有了共同的偶像，大家可以一起纪念。①

────────────

① 参见孙江、黄东兰：《岳飞叙述、公共记忆与国族认同》，原载于龚延明、祖慧主编：《岳飞研究》第5辑，北京：中华书局，2004年，收入龚延明、岳朝军编：《岳飞研究论文集汇编》，杭州：浙江大学出版社，2013年，第919—933页。

近代以后，岳飞的形象再次被利用，主要有两次。第一次是清末的反清复明运动，很多革命党人都在岳飞像前歃血为盟，立誓反满。第二次是抗日战争。如果说反清复明还是在传统意义上的民族矛盾中来建立岳飞的形象，那么到了抗战时期，岳飞就变成了整个近代民族国家的英雄。因为抗战是中国各族人民共同抵抗作为外族的日本侵略者。岳飞形象的这一跨越在抗战期间最后定格。1928年，民国政府为了强化国家意识，开展反迷信的社会活动，整顿各地神祠。经过整顿之后，符合国家标准的神祠中，只有岳飞一人作为抗击侵略的英雄入选。从此以后，在国家主导的话语体系之下，岳飞从历史上精忠报国的抗金形象，转化成为了近代集中体现民族精神的代表。九一八事变以后，这种趋势越来越明显。岳飞变成中兴四将之首，也就是在这个时期定型的。

1949年以后，岳飞的形象问题进一步复杂化，阶级关系问题掺和了进来，岳家军曾经剿灭民变武装，这成了影响其形象的负面因素。尤其是近代多民族共同体的形成，八百多年前的岳飞还能不能被称为"民族英雄"，常常引起争论。"文革"结束不久，从1979年开始，先后有百余家电台播出曲艺名家刘兰芳播讲的长篇评书《岳飞传》，影响空前。这又是为什么呢？当时国家拨乱反正，大量自20世纪50年代以来的冤假错案得到平反，历史上大书"天日昭昭"的岳飞之冤情，成了人们宣泄情绪的象征。

　　总之，关于岳飞是谁、岳飞究竟是怎样的历史人物的争论永远不会停息。因为在各种立场之下，岳飞总会被片面地利用。如果说"岳飞是谁"，这属于历史学范畴的问题，那么近年来史学界对岳飞的研究，已经给了我们一个可以把握的方向，很多问题已经基本厘清。我们要面对的其实是"谁的岳飞"的问题。不管是公共化的岳飞记忆，还是国家认同象征里面的岳飞，答案都不止一个。出于不同立场，根据不同信息，基于不同时代背景，不同的人群心目中有许多不同的岳飞形象，这就是岳飞的叙述不断变化的根本原因。

　　从岳飞的例子推论开去，其他的历史现象何尝不是如此，它们都可能有许多不同的面相。人们既可能因为观察到不同的侧面，从而形成不同的看法，也可能因为时代背景与观察立场的变化，对历史现象的解读也相应发生变化。历史现象就好比一个多棱镜，从不同镜面折射的光线，又随着日照角度的移动而多彩闪烁。任何试图将其归为单一色彩的努力，都可能失真。

　　时间与空间，是史学分析的两个基本维度。从这样两个维度拓展视野，将尽可能多的因素纳入观察的范围，综合分析，避免片面，是史学训练可能赋予我们的一种优秀的思维习惯。从历史延伸到对一般社会现象的观察，现代社会科学各学科针对不同社会现象所形成的学科方法，使我们得以从其各自独特的视角出发来展开研究，如果能够与重视综合分析的史学思维方式相配合，珠联璧合，必将帮助我们更全面、更客观地去探索人类社会。无论是针对过去的、还是现实中的人类社会，都是这样。

（此文据 2023 年 2 月 24 日作者在中国人民大学本科生"新媒体时代的历史学"课程授课录音稿整理，7 月 22 日改定于加拿大 Waterloo 城。）

第四章　历史通俗写作中的相关问题

虞云国

历史知识如何普及，始终是史学的大课题。旧史学主要在三个路向上推进：一是历史的蒙学化，题名王令的《十七史蒙求》是宋代在这一方面的尝试；二是历史的小说化，以《三国志平话》为白眉，构成了讲史小说的系列成果；三是历史的通俗化，清代吴乘权的《纲鉴易知录》可为代表。本章仅讨论历史普及中的通俗化问题。

自20世纪初叶"新史学"形成以来，历史通俗化的努力从未停止过。但历史学界如何为历史普及而从事通俗写作，进入新世纪后，在理论与方法上仍处于探索与完善之中。

一、历史通俗写作的意义与作用

马克思说过："人们自己创造自己的历史，但是他们并不是随心所欲地创造，并不是在他们自己选定的条件下创造，而是在直接碰到的、既定的、从过去承继下来的条件下创造。"①这就有必要让当今全体国民知晓历史，敬畏历史。而必备的历史素养则能为人们把握自身历史的前结构提供科学的解释，真正做到"通古今之变"，在创造未来时具有高度自觉的理性认识。在现代人的总体素质中，历史素养是必不可少的，它可以提高人们认识问题、分析问题的综合能力，在思考问题、处理问题时更趋全面、理性、周密、慎重。读史可以明智。明智包括诸如资治、垂训、借鉴、参考等多方面的内涵，人们总会联想到唐太宗所说的，"以铜为镜，可以正衣冠；以古为镜，可以知兴替"。②读史有助教化。对整个民族与国家来说，历史教育是振奋民族精神，弘扬爱国主义的重要环节；对每个公民来说，学史可以陶冶人格情操，增强现代人的历史责任感，判别何为善、恶、美、丑，明辨何为公正、

---

① 马克思：《路易·波拿巴的雾月十八日》，《马克思恩格斯选集》第2卷，北京：人民出版社，1966年，第6页。

② 吴兢：《贞观政要》卷二《任贤三》，谢保成集校：《贞观政要集校》，北京：中华书局，2009年，第63页。

进步、正义，从中汲取力量，有所追求，有所摒弃，有所进取。

史学可以分为两个层面。第一是史学前沿研究的层面。只有前沿成果的不断积累，史学才能不断地发展提高。这一层面体现了史学的学术价值。王国维、陈寅恪的许多成果在当时就属于这一层面，当下仍有不少史家继续从事这类研究。第二是史学社会普及的层面。也就是将史学的前沿成果转化为普通民众易于接受的形式。这一层面实现的是史学的社会价值。否则的话，史学的学术价值只是克利奥神殿的摆设，不能充分发挥其社会功用。

就历史学的功能而论，同样分为学术功能和社会功能两个层面，其学术功能是社会功能的前提与基础，社会功能是学术功能的延伸与补充。当史家通过价值中立的艰苦研究，尽可能客观地恢复历史的实相，给出合理的解释，其学术功能便大功告成，构成原创性的前沿成果。史学的学术功能是历史学自身发展的推动力，社会应向史学前沿研究提供条件，表达敬意。

而史学的社会功能主要指对人类社会所起的作用与影响。也就是在学术功能的基石上，史家通过创造性的再劳动，让相对独立的前沿成果走出学术象牙塔，令广大民众耳熟能详，完成学术功能向社会功能的普及性转移。原创性史学的学术功能中当然也蕴含着社会功能，但转换期比较长。而对普通大众而言，他们既不可能直接掌握纯学术化的史学前沿成果，甚至很难要求他们去阅读教科书式的历史读物。社会民众需要一种既能触摸历史又能喜闻乐见的接受形式，而不是令人生厌的高头讲章。借助历史通俗写作，让史学走向大众，既是历史学的时代使命，也是实现其社会功能的便捷之径。在保障历史学者潜心前沿研究的同时，也应提倡他们为普及而试水历史通俗写作，最大限度缩短其转化为社会价值的孵化期。而能在史学的学术功能与社会功能之间起转化、中介之功的，就是历史通俗写作。由此可见，历史通俗写作不仅有其存在的可能性，而且有其出圈的必要性。让历史学真正走向大众，这是史学工作者应有的社会担当。

在现代中国学术史上，不乏吕思勉、顾颉刚这样既有一流前沿史学专著又能撰写通俗大众读物而各擅胜场的史学大师。当然，并不要求每个史学工作者都能够"双肩挑"，但不应仅肯定前者而轻忽后者。在史学走向大众的过程中，通俗读物也能成为精品。日本学者石田干之助著有《长安之春》，把与长安有关的著名唐诗，与整个长安的风俗历史融为一幅图景，文笔优美，至今仍是传世名著。在中国史学名家中，张荫麟的《中国史纲》，吕思勉的《三国史话》，顾颉刚的《秦汉的方士与儒生》，蒋廷黻的《中国近代史》，黄仁宇的《万历十五年》等等，都是面向大众的史学精品，有的已经成为经典。倘若把史学前沿研究称为精英史学，把走向大众的历史普及工作称为大众史学的话，好的精英史学固然可以成为经典，好的大众史学同样可以成为经典。

二、历史通俗写作中历史与现实的关系与通感

历史学的现实关怀是众所周知的命题。历史通俗写作，无论题材，还是论旨，与大众关切的当下问题往往密切相关。正如有史家指出："人们对历史的兴趣，归根到底不是寻求历史自在的存有，而是寻求现实的存有。"①历史学家既然在被其再度激活的历史里寻求其现实存有的意义，就必然会带上主体参与者的主观色彩，包括治史动机、价值取向、史学观念和研究方法。在处理史学研究与现实关怀的张力上，一方面应该承认，"现实是由历史演进过来的，史学不能不关注现实"；另一方面也应警惕，"离开了整体的历史感，史学'现实感'太强也是危险的"。②这些论述虽然并非专就历史通俗写作而发，却同样具有指导意义。也就是说，历史通俗写作仍应尽可能保持价值中立原则，让两者处于不即不离、若即若离的关系。这种关系颇类似孔子描述的君子与女子、小人之间的关系："唯女子与小人为难养也：近之则不孙，远之则怨。"（《论语·阳货》）在历史通俗写作时，只要把历史的东西还给历史，由此获得的本质认识，便能为现实关怀提供历史资源，不必也不应与现实生活硬作牵强附会的解读。

① 王家范：《中国历史通论》，上海：华东师范大学出版社，2000年，第425页。
② 王家范：《中国历史通论》，第7页。

　　当然，不懂得过去，就无法理解现在；而不懂得现在，也无法理解过去。历史是过去的现实，现实是将来的历史。从这一意义说，来自现实的人文关怀，不仅是历史研究不死的灵魂，更应成为历史学家自觉的操守。史学研究，无论就学术功能，还是就社会功能而言，在历史与现实之间并不存在不可逾越的雷池鸿沟。史家的当代意识既来自于社会现实，又指向社会现实。历史与现实的联系，可以采取两种基本的路向。一是从历史到现实的取径，即以严谨的科学方法对某一历史现象做出本质的认识，取得成果，提供给现实作为借鉴。一是从现实到历史的取径，即从现实社会生活中领悟到有必要重温历史上与之近似的某些现象，加深对那一历史现象的再认识。当然，这两种路向往往你中有我，我中有你。但无论何种取径，都必须坚持历史事实的全面真实性。

　　应该从不同层次去理解历史学的人文关怀。其最大者是对人性和人类命运的根本关怀："史家假若没有了对人类命运的根本性关怀，没有了对人性的深刻反省，我们是不是很容易被历史的沉重拖到海底，再浮不到海面上，向世人说清楚：大海的故事究竟精彩在哪里？"①当然，这并非说到史学研究的人文关怀，就都是忧国忧民的沉重话题。类似王世襄研究明式家具，研究北京鸽哨，那种对传统文化的沉醉，对生活的挚爱，也是一种人文关怀。历

---

① 王家范：《中国历史通论》，第32页。

史通俗写作中的人文关怀，可以也应该是多元的。

细究克罗齐（Benedetto Croce）的著名命题"一切历史都是当代史"，蕴含着三层意思：一是历史研究总是当时代那个史家的思想活动；二是研究对象的最终确定，总是由当时代那个史家的兴趣所决定的；三是作为研究对象的历史客体，总是那个史家按他在当时代中的兴趣进行思考与解读的。就第三层意思而言，前代历史的某个对象之所以催发这个史家的当代兴趣，古今之间必有某个契合点激起他的共鸣。这种从历史挪移当代的共鸣，就可以视为历史的通感。

通感原是心理学上的"感觉挪移"在文学修辞上的合理运用。典型个例就是宋词名句"红杏枝头春意闹"，把枝头红杏这一视觉形象挪移向"闹"这一听觉感受，写活了春意。钱锺书指出，这种"逻辑思维所忌避的推移法，恰是形象思维惯用的手段"。[①]史学领域借用这一命题与方法，不妨称之为"历史的通感"。这种"历史的通感"存在于历史研究、历史写作与史著阅读的各个环节，这里只从历史通俗写作的角度试作论述。

柯林武德（Robin George Collingwood）认为："历史学家所研究的过去不是已死的过去，而是在某种意义下仍然活在现在之中

---

① 钱锺书：《通感》，《钱锺书散文》，杭州：浙江文艺出版社，1997年，第259页。

的过去。"①他所说的过去活在现在之中，包含着两层涵义。其一，过去的某些因素或现象仍以某种方式再现于现在之中。黑格尔(Georg Wilhelm Friedrich Hegel)在《历史哲学》里所说"一切伟大的世界历史事变和人物，可以说都出现两次"，也不妨从这一层面去理解。其二，历史学家看到了过去与现在之间的某些共通性，发心立意将那个过去作为研究对象，而其所欲传达的论旨却指向现在。司马迁强调"通古今之变"，某种意义上，已有历史的通感在内。在历史研究中，"过去的事实只要和现在生活的一种兴趣打成一片，它就不是针对一种过去的兴趣而是针对一种现在的兴趣的"。②这种由"过去的事实"引发"现在的兴趣"，也有赖于历史的通感。正是通过历史学者的古今通感，过去与现在才发生了内在的勾连。

波普尔(Karl Popper)指出："既然每一代都有它自己的困难和问题，因而也都有自己的兴趣和自己的观点，那么每一代就有权按照自己的方式来看待历史和重新解释历史。"③倘若以"历史的通感"说来诠释这段论述，也就是说，每个时代及其不同史家，

---

① 转引自刘昶：《人心中的历史》，成都：四川人民出版社，1987年，第151页。
② ［意］贝奈戴托·克罗齐(Benedetto Croce)：《历史学的理论和实际》，［英］道格拉斯·安斯利(Douglas Ainisilie)英译，傅任敢译，北京：商务印书馆，1982年，第2页。
③ ［奥］波普尔(Karl Popper)：《历史有意义吗?》，转引自张文杰等编译：《现代西方历史哲学译文集》，上海：上海译文出版社，1984年，第184页。

都会以自己的通感去选择研究对象，并以自己的通感去重新解释历史。在这一意义上，历史的通感正是历史之树常青，并将永远千姿百态的活水源头。

严肃的历史学者必然反对将个人感情与先入之见先验地掺杂进自己的研究。他会首先自觉遵循客观中立的态度，从原始史料入手，梳理史实真相，以实证研究复原出可靠信史，坚持历史本来面目，把历史的东西还给历史；然后在这一基础上，将历史的通感融入他所研究的史实进行叙述，做出解释。历史研究的过程，是由确定对象、搜集史料、实证研究与叙述解释这四个环节构成的；而一个自觉的史家，在第二与第三环节应该将历史的通感坚拒门外，仅在第一与第四环节才容许其有栖身的空间，而第四环节恰恰与历史通俗写作有关。

借助历史的通感，通过历史通俗写作表达现实关怀时，研究者如何拿捏分寸感，确是一大难题；而批评者也往往不辨青红皂白，把历史的通感指责为影射史学。这里有必要做一剖别。近现代以来中国的影射史学最为发达，在20世纪70年代"批儒评法"运动中登峰造极而臭名昭著。直到最近还有史家提醒："最要不得的是影射史学。历史有现实的启发，是不成问题的。但影射则进退失据。"①他不排除历史研究"有现实的启发"，肯定的就是"历

———————————

① 陈致访谈：《余英时访谈录》，北京：中华书局，2012年，第214页。

史的通感"。而影射史学彻底放弃史学本位的原则，一味迎合现实政治的需求，在搜集史料与实证研究的两大环节，无视过去历史的客观真实性，有意遮蔽、曲解或篡改与先入之见相左的史料与史实，使之屈就于预设的主题或观点。由于在搜集史料、实证研究环节罔顾"历史证据的内在制约"，影射史学构建的历史对象，经不起史学本位原则的推敲与拷问。不仅如此，在影射史学中，失实的历史严重拖累了叙述与解释环节，使其只能为现实政治作急功近利与牵强附会的类比或宣传，不可能获取真正的历史的通感。

　　为了拿捏好历史与现实之间通感的尺度，在历史通俗写作中应该自觉警惕各种偏差。其一，以历史上的人与事直接与现实中的人与事作牵强附会地联系或类比，罔顾史实，妄加褒贬，这种做法最有可能重蹈"影射史学"的覆辙。其二，借用历史上的故事或典制，来为当前政策或主流口号作浅薄的注脚或夸张的图解。其三，过度痴迷于依据历史演绎出来的路径或法则，试图借此为纷繁复杂的现实问题或寻找解药或指点迷津，以实现所谓的史学借鉴功能。

　　叙述性与解释性是历史学的两大特点。研究者对历史的通感，最终必须借助叙述与解释而付诸实现。在这两个环节，历史学者旨在传递其独有的思想视角与价值评判，这是其所持当代意识的一种投射。这种当代意识的历史投射，也是研究者表达其通感的途径。但投射的方式与力度值得一议。

在20世纪史学大师中，吕思勉明确主张"历史是历史，现局是现局"，但也会将历史的通感投射进自己的史著。《吕著中国通史》下卷完稿于1941年，他身居上海孤岛，国难当头，外敌当前，"所处的境界，诚极沉闷"。他在该书末章《革命途中的中国》结语中强调："我们今日的一切问题，都在于对外而不在于对内。"他还别有怀抱地告诫读者："岂有数万万的大族，数千年的大国、古国，而没有前途之理？"[①]其此时此语自有历史的通感在内，但仅此而已。

与吕思勉不同，陈寅恪素来提倡"在历史中寻求历史的教训"，在历史的通感上，毫不掩饰其投射的力度。他撰述《柳如是别传》时即有诗云："欲将心事寄闲言"，所谓"心事"，即历史的通感，也就是该书《缘起》揭明的"以表彰我民族独立之精神，自由之思想"；[②]所谓"闲言"者，即钱柳因缘的史事考证。在"闲言"部分，他秉持客观中立原则，既不曲解史料以迁就私意，也未改铸历史以影射现实，做到了古典今事融会为一，历史的诠释与通感的投射臻于水乳交融的化境程度。

---

① 吕思勉：《吕著中国通史》，上海：华东师范大学出版社，1992年，第69、496—497页。
② 俞大维：《怀念陈寅恪先生》，钱文忠编：《陈寅恪印象》，上海：学林出版社，1997年，第9页；陈寅恪：《柳如是别传》上册，上海：上海古籍出版社，1980年，第6、4页。

吕思勉与陈寅恪的两部史著虽非通俗读物，但他们在其中如何把握历史的通感，对历史通俗写作是有标杆意义的。总之，越是内涵充实的历史通俗读物，写作者表达的通感就越是丰盈充实而多彩多姿，读者在释读时获取通感的空间也越广阔，启悟也越多维。桃李不言，下自成蹊，不著一字，尽得风流，让历史自己说话，而不是写作者喋喋不休的旁白甚至提醒，才是通感投射的最高境界。

三、历史通俗写作与史料的关系

史料是历史学的础石；史料不坚实，史学大厦就无法构建；即便勉强竖起，仍会一推就倒。惟其如此，历史学者必须凭借各种途径与手段，最大限度地拓展与发掘中外新旧的所有史料；通过考证与辨伪，最大可能地复原或逼近历史实相，这些基本功夫必须老练与过硬。

有一种错误的说法认为，历史通俗写作只须参用已有史学成果，大可忽略原始史料的发掘、考证与释读。历史通俗写作当然需要参考前人史著，但在史料引用与史事叙述上决不是也不能亦步亦趋地照单全收。这是因为，首先通俗读物与学术专著对同一史事的取镜角度并不完全重合，在史料运用上也就未必全部一致，故仍有必要发掘与运用新史料；其次，即便参用已有史著，前人在史料印证与释读上可能存在错讹，仍需重新考订与解释。故历史通俗写作者仍应如胡适所说："用最勤劳的功夫去搜求材料，用最精细的功夫去研究材料，用最谨严的方法去批评审查材料。"①

历史通俗写作在处理史料与史实时，同样应该遵循两条原则。其一，在历史内容上必须真人实事，不做史实以外的任何想象。黎东方曾说："历史这门学问，虽则有捕风捉影之嫌，却不可废"；"要紧的是，研究之时，在方法上不可不谨严"。②他恪守自己所立的原则："写历史，不比写小说。写小说，可以创造情节，把故事叙述得天衣无缝；写历史，就只能抱残守缺，屈从材料本身的种种限制。"③其二，在历史细节上必须考订辨伪。既然通俗读物同样必须是信史，写作者对互相抵牾的史料记载，就应考其真伪，定于一是。这种考辨，大体可分三种情况：一是主要利用前人精确无误的考据结论；二是当各家考证莫衷一是时，取其自以为合理之说，并简单点明理由；三是自己动手对前人未曾涉及的史实进行考证。在通俗历史写作中，史料考证有两种处理方法：或是

---

① 胡适：《历史科学的方法》，葛懋春编：《胡适哲学思想资料选》上册，上海：华东师范大学出版社，1981年，第536页。
② 黎东方：《黎东方讲史·细说三国》，上海：上海人民出版社，2007年，第31页。
③ 黎东方：《黎东方讲史·细说清朝》"原版《小序》"，上海：上海人民出版社，2019年，第31页。

在注释中作必要的说明；或是直接将可信的结论写入了正文，以简省篇幅。历史通俗读物虽然允许在史料若断若续、若有若无处做出入情合理的推断分析，却绝对容不得文学的虚构性。

例如以帝王传记来勾勒宋光宗、宋宁宗时代的历史逆转，鉴于宋代政治史料的分布详于北宋而略于南宋，详于南宋前期而略于中后期，而传记体又不容许过于游离传主活动去表现那一时代史，又因宋光宗的精神病与宋宁宗讷言寡行的性格，反映其父子个性的史料更显寥落。为弥补史料的先天不足，《南宋行暮》的写作者认为历史的记录总是支离破碎的，但只要善于搜集与发现残存的史料碎片，仍有可能拼缀出最逼近历史的实相。[1]于是便在涉及这一时代的文集奏议和笔记野史中努力发掘这对父子的零散记录，最大限度丰富了传主的个人形象。在使用笔记野史时，也都作比勘考订，确保该传记的史实性陈述无一句无来历。

在开掘新史料上，随着历史通俗写作者的视野转换与思路更新，只要独具眼光与虚心汲取，诗词、小说、戏曲等文学史料与绘画、书法、工艺美术品等传世文物也能突破原先的学科窠臼，为历史写作带来意想不到的创获。

先说文学史料的发掘与运用。试以《水浒传》为例，建炎南

---

[1]参见虞云国：《秦桧专政形象的自形塑与被形塑》，《南渡君臣：宋高宗及其时代》，上海：上海人民出版社，2019年，第223页；《捍卫历史的权利（代序）》，《学史三昧》，上海：复旦大学出版社，2022年，第7页。

渡后，水浒故事就在瓦子说话里广为流传；宋元之际，话本《宣和遗事》已具《水浒传》雏形；入元之后，杂剧继续敷演梁山故事，部分情节汇入了其后成型的话本小说《水浒传》；元明之际，对《水浒传》话本有一次汇总性整理，形成百回本的主体部分。可以推断，百回本《水浒传》中的风俗名物大体折射了宋元时代的社会影像。只要善于打通历史学的读法与社会史的读法以及文学的读法，经细心发掘、认真梳理与严谨考证，就能发现两宋的制度衙署、法律宗教、社会经济、市肆商业、科技军事、阶级身份、礼仪习俗、衣食住行、戏曲杂技、体育游戏等等，在《水浒传》里都留有弥足珍贵的吉光片羽，足以成为还原一代社会风俗或典故名物的文学性史料。近年问世的《水浒寻宋》，就是遵循这一思路开掘史料，形成构思的。写作者在取用小说与其他史料互证时，定下一条总原则：以宋代记载为主料，兼及元代文献，而基本排斥明代史料（除非其追记或考证宋元史事）。在史料类别上，既有四部分类里属于史部的著作，也涉猎子部里笔记铁闻与类书谱录等典籍；还特别关注集部的文学性史料，包括诗歌（宋元诗词、元代散曲等）、小说（学界有定论的宋元话本）与戏曲（现存元杂剧与宋元南戏）。值得指出的是，文学性史料对风俗名物的形象描述，无论数量，还是质量，往往是其他史料难以企及而无法取代的。当然，在开掘文学性史料时，不能把小说、戏曲中虚构性的故事当作历史事实来使用。有一本走红一时的历史畅销书说，宋高宗把岳飞"十二块金牌召回风波亭干掉"，①风波亭之说不见于史料，纯属《说岳全传》的小说家言，这就像以《三国演义》为史料来叙述魏、蜀、吴三国史那样荒谬可笑。

再说历史通俗写作中如何合理发掘与引入绘画、书法、工艺美术品等传世文物史料。日藏宋画《送郝玄明使秦图卷》卷末有蔡京手书赠别诗一首，以岁寒松柏为比兴与远行者互勉。这首佚诗《全宋诗》失收，乃蔡京作于第三次罢相的失意期间。结合他在宋徽宗晚年的具体表现，可知赠诗纯属自我贴金，写作者由此提示"听其言而观其行"的原则，对"小到考察个人，大到认识国家，都是行之有效的"。②再如描绘唐太宗与突厥可汗会盟的同一母题，历史上有两幅《便桥图》：南宋画家刘松年的作品表现了唐太宗居高临下地"见虏"，凸显了"中华帝王之尊"的高大形象，宣扬了南宋才是中国正统所在的政治思想；而辽代画家陈及之的长卷则以主体篇幅摹写胡人的骁勇雄武，会盟场景也尽力渲染对等的氛围，传达的则是少数民族政权觉醒的民族本位主义倾向。进而揭示："两幅名画同一题材，背后却呈现了不同政权下民族意

①袁腾飞：《历史是个什么玩意儿1》，上海：上海锦绣文章出版社，2009年，第177页。
②虞云国：《从蔡京一首佚诗谈起》，《从中州到钱塘：虞云国说宋朝》，北京：中华书局，2021年，第169页。

识与政治思想的差异。"[①]通过利用绘画史料，开掘出思想史的意义。又如，江苏武进南宋墓葬出土戗金花卉人物朱漆奁，奁盖上戗划着仕女消夏图，两个仕女一持团扇，一摇折扇。根据这一工艺品，《水浒寻宋》指出"南宋以后折扇已在大户人家普遍使用"，[②]在史料上有理有据。

《水浒寻宋》在史料搜集与选用上的甘苦谈，对历史通俗写作有参考价值，转引如下：

> 有评论说我的《水浒》随笔，"各种史料和掌故信手拈来，考证又不失趣味"。信手拈来真不敢当，都是孜孜矻矻博览穷搜，才收入囊中为我所用的。在素材积累中，我追求多多益善，来者不拒；讲究众体兼备，不拘一格。但下笔为文时，为选择最合用的原材料，挑剔近乎苛刻，再精心剪裁与刻意琢磨，尽可能打造成一件精致的工艺品。[③]

历史通俗写作中，有的内容或细节也会牵涉到具体而微的考索。这类考证，除借鉴前人成果外，有时只有写作者亲力亲为才能解

---

① 虞云国：《刘松年〈便桥图〉和陈及之〈便桥图〉》，《文汇报》2019年3月22日。
② 虞云国：《铁扇子》，《水浒寻宋》，上海：上海人民出版社，2020年，第343页。
③ 虞云国：《入水浒世界　览两宋风华》，《光明日报》2020年8月22日。

决。但在写作时则不必将每一个考证过程都呈现在书中，简单的考证不妨在行文中直接交代结论；确有必要让读者了解的关键性考证，无论写入正文，还是放入脚注，都应以让阅读者一目了然为限度。前人研究有时也互有争议，写作者或可以结合文献再审正误，或应该考察实物才下判断。在《水浒寻宋》的《豆腐》一文中，写作者面对食品史研究中豆腐出现朝代的争议性论点，亲赴双方引以为据的河南新密打虎亭汉墓，经对墓中石刻的仔细辨认，确认"豆腐发明于汉代说，至今还没有文献与实物的证据"。①

总之，对历史通俗写作来说，只要独具只眼，文学史料与文物史料大有开掘的余地。只要自出机杼，对这些史料也自能释读出诸多新意。

在历史通俗读物中，应该尽力避免出现史实性差错，这就要求写作者在史料考订与辨证上下功夫。这里以袁腾飞《历史是个什么玩意儿1》这本畅销的历史读物为例，列举写作者可能出现的史实讹误的类型。

其一，凭空捏造。该书说，厓山之战后，"张世杰准备退往印尼、菲律宾，重整旗鼓反攻，不幸遇到台风遇难"。而现存史料中从未见有"准备退往印尼、菲律宾"的记载。

其二，张冠李戴。该书说，澶渊之盟前宋真宗御驾亲征，却

---

① 虞云国：《豆腐》，《水浒寻宋》，第199页。

不愿过黄河，"太尉高俅拿着鞭子抽抬轿子那帮人，瞎了眼赶紧把皇上抬过去"，历史上随从亲征并非高俅，而是高琼，两人虽同姓，也都出任殿前都指挥使（尊称太尉），年代上却整整相差一个世纪。

其三，以偏概全。该书断言，"宋朝只有北宋的狄青，南宋的岳飞是武将熬上枢密副使的"，且不说宋初枢密使与副使多由武将担任，即便杯酒释兵权后，无论北宋还是南宋，武将熬上枢密的也不止狄青与岳飞两人，这只消查检《宋史·宰辅表》就一目了然。

其四，混为一谈。该书还说，"按照中国古代的礼法，明朝以前凡是先帝驾崩，不能生育的嫔妃一律殉葬，武则天也应该勒死殉葬的"。历史上同一制度，不同朝代的执行情况往往并不一致。据《史记·秦始皇本纪》，"二世曰：'先帝后宫非有子者，出焉不宜。'皆令从死"。[①]其后各朝虽有个别妃嫔自发殉死之例，但后宫殉葬都非典制；唯有明朝前期一度恢复，明英宗临死才明确废止。该书据明朝情况，便判定其前各朝历来如此，未免太想当然。

其五，大胆臆测。该书一则说，"以年号铸钱是北宋开始的"，而现知最早年号钱是十六国时成汉主李寿在汉兴年间（338—343）的"汉兴"钱；再则说，唐代的钱"都叫开元通宝"，这是想当然。唐高宗的"乾封泉宝"，唐肃宗的"乾元重宝"，唐代宗的"大历

---

① 《史记》卷六《秦始皇本纪》，北京：中华书局，1982年，第1册，第265页。

元宝"，唐德宗的"建中通宝"，都是唐代年号钱，五代十国的年号钱更是不遑列举。

其六，强作解人。该书说，"今天郑和下西洋到底路线怎么走的，不知道"。他只要查阅向达整理的《郑和航海图》，就不会想当然地断言"不知道"。

该书众多史实错误，都由于写作者的懒于查核与疏于考证。例如，该书说明"成祖的帝位来得不正，他是抢建文帝，抢朱棣，所以他总是心中有愧"。显然，他认为建文帝姓朱名棣，只要去查《中国历史纪年表》，就知道朱棣便是明成祖的尊姓大名。由于不屑考订史实，该书往往开口就错。他说李善长是"太子朱标的老师，要上法场开刀。马皇后就不干啊，……不吃饭，绝食。哭"。只要稍作查考，便知朱标的老师是宋濂，《明史·马皇后传》说："后侍帝食，不御酒肉。帝问故，对曰：'妾为宋先生作福事也。'"[1]并未绝食，而是预设斋饭。《明史·李善长传》也没说善长做过太子师，其被杀在马皇后死后八年，[2]马皇后又岂能为其绝食求情。[3]总之，通俗历史写作中史实失考的诸多前车之辙应该引以为戒。

---

① 《明史》卷一一三《后妃传一·太祖孝慈高皇后》，北京：中华书局，1974年，第12册，第3506页。
② 《明史》卷一二七《李善长传》，第12册，第3769—3773页。
③ 本段引用史实讹误例文分别参见袁腾飞《历史是个什么玩意儿1》，第184、166、152、103、115、253、151、198页。

四、历史通俗写作中的体裁与表达

在体裁与表达上，历史通俗写作有不同于历史专业化撰述的选择与考量。这并非说历史通俗写作可以降低专业水准，只是强调其特殊性。

迄今为止，历史通俗读物在体裁上已形成多元并存、争妍斗胜的局面。大体说来，林汉达、曹余章的《上下五千年》这种故事类体裁，主要以中小学生为读者对象。相比之下，吕思勉的《三国史话》、程应镠的《南北朝史话》等史话类体裁，其专业深浅则由著者适度掌控，读者适应面更为广泛。教材类体裁只要处理得当，也能为历史通俗读物所用，最成功的典范当推张荫麟的《中国史纲》。讲义类体裁是将课堂讲录转为历史读物，由于传达了授课者的謦咳，令阅读者有一种亲切感，近年据"百家讲坛"推出的许多历史读物都属这一类型。随笔在历史通俗写作中是最收放自如的体裁，既能单篇书写一个主题，还可在总题下再分类别，集结多篇随笔，形成主题鲜明的专书。一般说来，普通读者不习惯接受纯专业化的著作，故不宜直接移用学术专著的体裁形式与表达方式。当然，倘能改成一般读者喜闻乐见的体式，专业化著作切换成普及化读物，也有其可能性。这就要求在史料引用、行文表达与章节安排上，充分考虑一般读者的阅读习惯，简化大段繁琐的史料引证，改写枯燥乏味的行文表达，舍弃呆板沉闷的章节安排。近年以来，著作类的历史通俗写作蔚为大观，佳构迭出，王笛以茶馆为主打的民国社会史读物即其著例。

毋庸赘言，历史通俗写作时，应根据既定的主题，选择适宜的体裁。传记是书写历史人物的最好体裁，在历史通俗写作中颇受欢迎，也是新史学中较早成熟的体裁，前辈学者的《张居正大传》、《岳飞传》众所周知，史学新秀对司马光、王安石等也各有佳作问世。书写对象倘是一朝兴亡、一代大事，选择史话体还是著作体时，既要考虑读者对象的层次，也要考虑读物的分量，平衡斟酌而定。至于选择章节体，抑或纪事本末体，还是随笔体，也应由写作者从自己的擅长与读者的需求出发，多方掂量，作出裁定。

既然历史通俗写作的体裁是多元的，写作者既要尝试已有的各种体裁，还应敢于探索与创新，像黎东方那样尝试开出新体裁。黎东方的"细说体"，"不仅独辟历史通俗化的蹊径，而且开创了不同于古代之纪传体及现代之讲义体通史、断代史一类的著作的新体裁"。[①]这一体裁对纪事本末体与章节体进行了综合性的成功改造，其写法是取一朝大事、人物、制度、文化，因事命篇，治棼理丝，串联缕述；立目以令人感兴趣的事件为最多，人物次之，而制度、文化类相对略少。总之，体裁只是历史通俗写作的一种

---

① 沈渭滨：《〈细说三国〉〈细说两晋南北朝〉〈细说隋唐〉〈细说宋朝〉序言》，虞云国：《细说宋朝》，上海：上海人民出版社，2002年，第2页。

载体，写作者应不拘一格，驾驭体裁，让其为我所用。

在历史通俗读物的叙述表达上，写作者应该精益求精。黎东方当年售票讲史，可见其口语表达的魅力。但及至动笔写各朝《细说》，他深感写之不同于讲的艰难："惟有把写成的文章一段一段地删，一篇一篇地撕了重写，才勉强敢拿出去。"①惟其如此，他的《细说中国历史》系列，才能以历史感和可读性的高度统一最终赢得了读者。所谓历史感，不仅所叙述的每一句话都言之有据，而且所评说的每一句话都有历史眼光。所谓可读性，就是行文表述应该使非专业读者也能够饶有兴趣地读下去，而不只是狭窄专业圈子的学术论著。典章制度枯燥复杂，考虑到阅读对象，没有必要作窄而深的叙述，但也不能让读者在了解一代全貌上缺了重要板块。写作者认为："合适的做法，一是设置少量最必要的题目，要言不烦、深入浅出地叙述关乎大局的一代典制；一是在细说有关事件、人物中，信手拈来、随分点染相关的制度名物。"②

文以载道，道以文弘，史学成果最终通过叙述才告完成。老辈学人强调文史相通的治学传统，虽因学科细分化而趋于中断，但历史学的严谨深刻，文学的激情技巧，仍是历史通俗写作的理想化标准。历史通俗写作者不仅落笔前要精心构思，谋篇布局，

① 黎东方：《黎东方讲史·细说三国》"原出版自序"，第3页。
② 参见虞云国：《史书体裁的新尝试：黎东方及其细说体》，《南方都市报》2007年8月5日。

而且行文时要讲究清新凝练，雅致畅达，最低标准应让受众有起码的阅读愉悦感，完美境界应该臻于史学与文学完美的结合。这就要求历史通俗写作者自觉提升文学素养，其好处，一是可以借助史家的视角对文学性史料作出新解读，拓展自家后院的史料储存；二是可以提升自己驾驭文字的能力，改变"言之无文，行之不远"的偏向，把历史作品写得富于文采，具有魅力，使读者能触摸到写作者笔端的感情，让文章多点可读性。

历史通俗写作的行文表达，固然应该面向读者，但绝不能自降格调去讨好低俗。这一方面，已有历史通俗写作者的前车之鉴。仍以袁腾飞《历史是个什么玩意儿1》为例，该书讥刺武则天是"唐高宗娘兼老婆"，纯属轻佻的口吻；大骂明武宗"整一个傻叉"，再骂嘉靖帝与万历帝"又两个傻叉"，最后骂明熹宗以下"全都是傻叉"。历史写作中褒贬史事自有必要，但这种评断，除确有史料依据外，即便有历史的激情，也绝不能出以轻薄的嘲讽与泼妇式的谩骂。该书为说明华夏民族是多民族融合而成的，夸张地说，"孔子说的都可能是闽南话"；写到班超出使鄯善国时，竟说他享受的是"五星级宾馆，美女服务员"；为追求噱头与出新，把宋代崇文抑武政策说成是"党指挥枪，要文斗不要武斗"。① 在历史通俗写作中，确应尝试通俗化，探索趣味化，然而，上引

① 本段引文分别见袁腾飞《历史是个什么玩意儿1》，第125、207—209、54、56、150页。

借喻的内容与比喻的对象不仅完全缺少共通点，而且已流于恶俗。这是历史通俗写作应该引以为戒的。

　　历史学是叙述与解释的学问，史料则是两者的依据。在历史通俗写作中，尤其中国古代史读物，如何处理史料引文，也是应该考虑的问题。一般说来，既然历史通俗读物与学术专著存在体式的区别，通俗写作不宜过多过长地引证原始史料；而尽可能有选择地节录非引不可的关键性史料，甚至简短到仅引用史文的核心词句。这是因为，连篇累牍地引用史文一来有损于阅读的顺畅感与愉悦感，二来必然淹没写作者的个性化叙述。在引用古文史料后，倘若引文较长且文义不显，写作者为阅读者排忧解难计，不妨借助白话解读，实现阅读形式的转换；倘若一般读者通过上下文即能理解史文的话，写作者应信任读者，毋须多作累赘的白话解读。

　　历史通俗写作呈献的是轻松的读物，整个写作过程中却应殚精竭虑，苦心经营。有写作者自述甘苦说：

　　　　在我的所有著作里，《水浒寻宋》读起来最轻松。我也得坦承，实际写作却并不轻松。为了每篇随笔呈献一份相对完整的知识，我深感绝不比写一篇论文来得容易。先从《水浒传》里选定风俗名物，再去处理缤纷杂陈的囊中材料，而后将落英碎玉拼缀成绚烂可观的画卷，都得花一番匠心。[1]

历史通俗写作如何做到雅俗共赏？在叙事议论上，写作者可以根据主题定下的基调，决定行文风格，或轻松幽默，或深沉庄重，或雅致清丽，或悲壮激越，或自然冲淡，并无一定之规，唯求相得益彰，力求写得有意趣。写作者应努力追求历史读物的美感，把每一章每一节乃至每一段都当作美文来写。恰到好处地点缀引据诗文词曲中的名篇佳句，也会让行文脱俗超凡，出彩亮眼。

书名与目录是读者见到书后最先关注的门面，写作者尤其不能掉以轻心。为历史通俗读物取一个好的书名也是极有讲究的。可从以下几方面推敲斟酌书名：一是既应简明扼要，又须涵摄主题；二是既应过目不忘，更须富于文采。至于章节标题的确定，也应苦思冥想，千锤百炼，既做到精准地提炼概括，又追求雅致地遣词造句。

有必要时，历史通俗读物也可采用图文本方式。配图应该追求历史感与审美性的统一与融合。选图标准主要有几点：首先，插图应有美文阅读之余的美感享受。例如，宋代的蹴鞠运动，以南宋名画家马远《蹴鞠图》做插图（图1），便堪称绝配。其次，插图作为形象史料应能印证行文的叙事。例如，算盘与算筹共存并

[1] 虞云国：《入水浒世界　览两宋风华》，《光明日报》2020年8月22日。

图1 南宋马远《蹴鞠图》①

图2 元《事林广记》所载筑球球门图②

---

① 马远:《蹴鞠图》(东方画谱宋代人物篇),北京:文物出版社,2018年。

② 陈元靓:《纂图增新群书类要事林广记》辛集卷上,见《事林广记》,北京:中华书局,1999年,第196页。

用于宋元之际，这一时期成书的《新编对相四言》各有"算子"
与"算盘"示意图，最宜用为图证。再次，插图应能补足文字表
述不够清晰的细节。宋元蹴鞠的球门与排阵，倘若仅据史料作文
字叙述，尽管费尽口舌仍难达意，倘若采用《事林广记》里《筑
球球门》的示意图（**图2**），读者一见便恍然大悟。

　　针对历史通俗写作，有写作者提出三句话："贴着历史说，揣
着良知讲，记着读者写。展开来说，就是阐释必须契合历史实相，
论断必须坚守现代价值，写作必须顾及阅读兴趣。"①

---

①虞云国：《从中州到钱塘：虞云国说宋朝》"自序"，第5页。

第五章　重返历史现场与人间烟火的公共史学

姜　萌

"公共史学"致力于历史知识的普及、传播和应用，与"新媒体时代的历史学"有着共同旨趣。本章简要概述"公共史学"的基本概念、中国民间通俗史学的发展历程以及在其背景下"公共史学"的突出特点。

一、"公共史学"的基本概念

对很多中国人来说，"公共史学"是个相对陌生的概念。即使是史学从业者，也有可能没有听说过或没有了解过这个概念。但是绝大多数中国人一定接触过公共史学的具体成果——即使没有读过通俗史学作品，也看过历史剧或历史类纪录片；即使没有参与过口述史采集工作，也参观过博物馆或历史类展览。除了可被直接感知的历史类公共文化产品，公共史学还包括很多不易被感知的领域，比如城市规划中的历史资源保护、对环境治理的历史考量等。大到治国理政，小到饭后谈资，我们对历史的活学活用，无处不在。"公共史学"正是历史学界为了描述多种多样历史应用现象而创造的一个概念。

自从"公共史学"（Public History）作为一个概念被美国学者在1978年提出后，世界范围内出现了几十个不同的定义或界定，截至当前，最被广泛接受的是美国公共史学委员会（NCPH）的界定："公共史学描述了在世界上运用历史学的多种多样的方式。从这个意义上讲，公共史学就是历史学解决现实问题的应用。"为了让人更容易理解这个具有开放性和多元性特点的概念，其还意味深长地加上了这样一句话，"I know it when I see it"。①这句话想要表达的，正是上文描述的那些现象。

为了更好地理解公共史学，在此要介绍另一个对应的概念——学院派史学。历史学界之所以要创造出"公共史学"这个概念，是为了将以运用为目的的历史学与以追求纯粹知识为目的

---

① "Public history describes the many and diverse ways in which history is put to work in the world. In this sense, it is history that is applied to real-world issues." 见美国公共史学委员会（National Council on Public History）官方网站，https://ncph.org/what-is-public-history/about-the-field/。

的历史学区别开来。灵活运用历史以创造历史，是人类特殊的能力，但是在现代化历程中，在科学主义、实证主义等思想的影响下，历史学研究逐渐走上了学院化、专业化、独立化的道路。史学专业化的实质是史学的精英化，精英化也就意味着告别了人间烟火。历史学界建立了自己的规则，进行窄而深的研究，越来越专注于纯粹知识的发现，从业者用专业准确的语言写作，只在意同行评价，不在意大众观感。这种史学主要集中在大学和研究机构中，因此被称为"学院派史学"。学院派史学的出现，虽然对于历史学界研究能力与水平的提升有非常正面的效果，但也带来了历史知识生产的"霸权"，研究越来越精细琐碎，也越来越生硬死板，削弱了历史与现实生活的联系。这也是过去几十年里，世界各地均出现过不同程度的"史学危机"的根源所在。换言之，公共史学是学院派"史学危机"的产物。公共史学的倡导者们希望以一种开放和多元的观念，克服史学过度专业化的弊病，明确重建历史学与现实生活的联系，以专业知识和职业规范重建历史现场，让烟火气重新回到历史学之中。需要强调的是，公共史学的出现并非要否定或取代学院派史学，而是要与学院派史学一起，构成完整、健康的历史学。学院派史学是历史知识的来源，公共史学是历史知识的运用，二者如车之两轮、鸟之两翼。

　　"公共史学"作为一个概念，还有一个需要解释的问题，就是其近似概念。在中英文世界里都存在着一些对该概念的近似表述。在英文中，除了 Public History，还有 Applied History 等。从目前的趋势来看，对 Public History 的使用日益频繁。在中文中，除了"公共史学"，还有"通俗史学"、"大众史学"、"公众史学"、"应用史学"等。在这些相似的概念中，"公共史学"与"公众史学"是被使用得最多的两个。我认为，"公共史学"是比"公众史学"更适合作为学术概念的词汇，原因主要有三个。第一，"公共史学"更符合中国史学秉笔直书的传统，也能更好地传播史学，走出书斋成为民众生活、生产组成部分的理念。第二，"公共史学"更加符合"共享解释权"精神。在传播学、公共关系学、法学等领域，"公众"是一个具有"排己性"的概念，即"我"与"公众"是对立性的，"我"是主体，"公众"是客体。公共史学恰恰希望在真实性和公共性基础上，由专业史学从业者与民众通过"共享解释权"构建共同的历史认识。第三，"公共史学"更加符合翻译和学术界学科表述习惯。"公共史学"是 Public History 的中文翻译。梳理100多年来的汉语词汇史，我们会发现"Public××"普遍被译为"公共××"，如公共管理学、公共关系学、公共财政学等。①

---

① 参见姜萌：《通俗史学、大众史学和公共史学》，《史学理论研究》2010年第4期，第130—136页；姜萌：《"公共史学"与"公众史学"平议》，姜萌、杜宣莹主编：《中国公共史学集刊》第1集，北京：中国社会科学出版社，2018年，第57—76页。

　　侧重历史学应用的公共史学，在理论上也有一定的要求。对公共史学的理论认识，最核心的有三点：历史学的本质属性、历史学的中心任务和历史学的根本价值。

　　历史学的本质属性是什么？从世界各国历史学的发展历程来看，凡是比较健康的历史学，都需要在尽可能追求真实的基础上融入生活、服务民众，也即真实性和公共性是史学的两个本质属性。其中，真实性是基础，离开了对真实的永恒追求，历史学就不再是历史学；公共性是要求，离开了对民众生产生活的持续参与，历史学就不再是健康的历史学。公共史学之所以能够迅速成为一个席卷世界主要国家的史学趋向，根本原因就在于这一史学形态很好地兼顾了史学的两个本质属性。在追求真实的方面，公共史学和学院派史学有一样的追求；在参与生产生活方面，公共史学因灵活多样的形式和民众喜闻乐见的方式，更具有优势。

　　历史学的中心任务和根本价值是什么？简而言之，历史学的中心任务是如何以人类利益为出发点来记录、书写和解释人类历史；历史学的根本价值在于塑造有利于人类发展的历史记忆与观念。从中西历史学发展历程来看，历史学要较好地完成这个中心任务，实现这一根本价值，需要在史学的各个环节坚持真实性和公共性。一般而言，围绕一件史事的完整史学活动可以分解为五个环节：记载、辨析、书写、传播、接受。记载就是如实记录正在发生的事件，秉笔直书是对这一环节的最高要求，也是真实性的保证。辨析是对记载的检验和补充，多闻阙疑和去伪存真是这一环节的工作原则。在尽可能占有记载资料并认真考辨的基础上，将一条条史料凝聚在一起以再现史事，并阐释其中的原委与意义，即是书写环节。这一环节不仅要追求真实性，也要追求公共性。历史书写不仅是作者自己的事情，也是群体乃至于人类共同的事情。史学作品作为文化产品在进入流通和传播环节后，既要接受读者的检视，也将深刻影响读者。读者通过阅读或观看历史作品，通过历史理解形成了历史认识和记忆，塑造了观念意识，并将这些思想认识转化为历史创造的资源。换言之，史学家通过努力，将那些被遮蔽或不易被理解的历史事件揭示或再现，使之进入公共传播领域，被民众理解、接受，达到提升或修正历史认知的效果，并逐渐由个体的认知汇聚融合成为公共认知，最终形成有利于人类更好存续发展的历史记忆或观念。

历史学的本质属性、中心任务和根本价值，是衡量史学发展是否健康的核心依据，也是发展公共史学的理论基础。学院派史学出于专业化要求等原因，确实不太容易被民众阅读和接受，因此导致越来越远离民众的生活，给自身带来了危机。从表面看，现代史学从业者只把功夫和精力放在了辨析这个环节，不仅不重视传播和接受，甚至连记载和书写都被搁置了。更深一层，则是因为大多数史学从业者对史学的本质属性、中心任务和根本价值的认识不足，缺少开放意识和打破规训的勇气。

如果我们持一种开放和多元的观念来观察历史学对人类生活的参与情况，就会发现它是一个非常开放、实用的学科，通过与文学、艺术学、民族学、档案学、地理学、传播学、社会学、经济学等学科相互融合、借鉴，具有非常大的活力和潜力，深度参与了人类的文化生活、社会运行和物质生产活动。而从史学从业者的视角转换为公众的视角来看待公共史学，就会有另一种认识。公众关注的是内容产品品质的好坏，而不是产品的生产原理或工艺流程。比如，很多人喜欢看历史影视剧，但是大多数观众都不会关注剧本是如何撰写的、剧集是如何拍摄的，更不会关注影视剧剧本的性质、理论问题。观众关注的是能否看懂、是否好看、经不经得起自己知识的检验。简而言之，当转换为公众的视角后，我们就会发现公共史学的实践成果，本质上就是用于媒介消费的内容产品。而从内容产品这个角度出发，公共史学可以包括通俗史学、口述史学、影像史学、文化遗产的保护与开发、地方史志、公共历史教育、数字公共史学等不同表现形式。

二、民间通俗史学的发展

中华文明可能是最重视历史学的文明。在中华文明诞生之际，就可以找到历史学的痕迹。在中华文明成熟之时，历史学也在走向成熟。殷鉴不远、原始察终、见盛观衰、鉴往知来、青史留名、永垂不朽……数十个有关历史意识的词汇，显示出中华文明对历史的重视。徐复观先生曾说，中华文明的早熟性，原因就在于中华文明很早就从神的审判发展到历史审判，[1]中国人从几千年前就建立了对历史的敬畏。从此之后，富有历史情结的中国人，一直生活在历史与现实交织的时空之中。

这种交织主要通过两种方式进行：第一种方式，历史往往以"祖宗之法"或"前代之失"的方式深刻影响着现实政治运转，其在历史学中的表现就是起居注、实录、国史、正史等严肃的官方史学；第二种方式，历史以文艺的方式承载伦理价值、深刻影响着人心风俗，其在历史学中的表现就是咏史诗、历史小说、历史戏剧等民间史学。从先秦文献来看，历史学在形成过程中，逐渐出现了官方精英史学和民间通俗史学的分流。官方史学越来越规范严肃，民间通俗史学越来越灵活多样。从某种角度看，民间通俗史学就是中国公共史学的本土源头。

民间通俗史学主要的表现形态是以历史为内容，以文学为形式。与世界各地文明相似的是，中华早期文明中也出现了不少英雄史诗或历史传说。比如《诗经》中的不少篇章都与历史有关，或是叙述本族历史、歌颂祖先，或是对历史事件的批判反思。《诗经》在今天是高雅文化的代表之一，但是在商周时期却属于民间文化。

---

[1] 参见徐复观：《两汉思想史》，北京：九州出版社，2014年，第237页。

两汉魏晋南北朝时期，历史知识的表现形式更加多元，咏史诗、史论、壁画、画像砖等都很流行。其中，传闻杂传到了隋唐时期，演变为传奇故事及俗讲。宋代商业经济的高度发展也刺激了通俗文化的发展，讲史活动不仅出现在都市的勾栏瓦舍，甚至深入到了乡村，从此成为中国人日常文化生活的重要组成部分，绵延至今。到了元代，不仅讲史很流行，演史也开始走向成熟。有研究者指出，元杂剧中近三分之一的作品可归入历史剧的范畴。①明朝禁止在舞台上表演历史，导致历史剧发展进入低谷，但是明朝却在宋代话本和元代杂剧的基础上发展出了历史演义小说。《三国演义》流行后，各个朝代的历史都迅速被"演义"化了。这一时期的演义类小说大多依据正史改编，文字更加通俗易懂，形式也愈发成熟。清代的通俗史学创造性不足，但在发展和运用上达到了前所未有的高度。以《三国演义》为例，有学者指出，《三国演义》在入关前就是满人贵族的政治和军事教科书。此后，其不仅作为畅销书籍代代流传，而且从中又演化出很多戏剧，深度融入了民间生活。

　　甲午战败之后，中国传统的通俗史学开启了现代化转化。清末民国时期的通俗史学，形式还是那些形式，但是老瓶装新酒，观念和内容都受到了新时代的影响。比如，演义小说转变为了历史小说，出现了《万国史演义》等作品；戏剧从传统戏剧发展出

---

① 李雁：《对历史剧的界定及其在元杂剧中的鉴别和统计》，《山东社会科学》2003年第4期，第107—109页。

了历史剧，并出现了两次关于历史剧的辩论；[①]评书曲艺则发展出了学者讲史的形式，其中最著名的要数抗战时期的"黎东方讲三国"。民国时期的一些学者，非常重视通俗史学对民众的影响。譬如，顾颉刚专门创办了通俗读物编刊社，以通俗历史读物教育和鼓励民众抵抗日本侵略。新中国成立以后，通俗历史读物、历史剧等获得了一些新发展，出现了"中国历史小丛书"、《中国历史故事集》等成果。改革开放以后，包括历史学在内的中国学术文化开始多元性发展。20世纪80年代，中国史学从业者为了应对"史学危机"，开始特别重视史学知识的应用问题，在借鉴美国Public History的基础上，提出了发展"公共史学"等建议。40多年来，特别是新世纪以来，中国历史学在应用方面的实践探索，已经达到了前所未有的广度、深度和高度。

近年来，随着科技的发展，公共史学也呈现出数字化发展趋势。利用新媒体扩大历史知识传播效果（如哔哩哔哩网站上的历史类UP主）和利用数字技术让历史呈现形态的多元化（比如"数字敦煌"项目）是数字公共史学的两大表现。此外，公共史学还对游戏开发、城市规划等领域产生着影响。

---

① 姜萌：《公共史学概论》，北京：高等教育出版社，2020年，第206页。

三、重返历史现场·重返人间烟火

以应用和实践为目标的公共史学虽然在表现形态上差异很大，但也可以提炼出共同的特点。相比于学院派史学，公共史学的特点可以概括为两点：重返历史现场，重返人间烟火。

所谓"重返历史现场"，是从内容上讲，公共史学以再现历史现场为目的。学院派史学则是以归纳法为基础，在占有大量历史资料的基础上，对历史进行提炼概括或理论阐释。检视、评判学院派史学的标准是科学、理性和规范。而公共史学的实践，在很多时候和学院派史学是反向的。它常常要借助演绎推理，利用知识和常识，将已经断裂的史料连缀起来，给风干的故事重新注入血液，让读者或观众通过文字、语言或影像，回到立体、感性的历史现场。这个重新构建的历史现场或许与真实的历史现场有所差异，但这个现场已经是在现有条件下对历史的最大程度的还原。"重返历史现场"对于人类认知历史具有非常重要的意义。有研究者指出，人类的记忆和理解依赖于感性的影像，只有那些可以转化为感性影像的事物，才更容易被理解和记忆。关于这点，南宋学者郑樵就曾说过，学习历史"即图而求易，即书而求难"。[①]

[①] 郑樵：《通志》卷七二《图谱略一·索象》，北京：中华书局影印《万有文库》本，1987年，第837页。

从日常生活经验来看，当我们看到某个重要历史人物的名字时，大脑总会自动调出某个我们看过的插图、雕像或影视剧形象。也就是说，那些无法影像化的过往，是很难被理解、被记住的。

当代中国公共史学的实践，大多数都是以重返历史现场为实践导向的，此处可以略举几个例子。在历史读物方面，马伯庸创作的历史小说《两京十五日》，虽然历史依据仅有几十个字，但他在创作时对大运河两岸进行了多次实地考察，在小说中也尽可能根据史料和考察去重现历史情节。李开元创作的"历史叙事三部曲"（《秦崩》、《楚亡》、《汉兴》）将秦汉时期的史料与他的实地考察见闻和照片结合，交融古今、夹叙夹议，为读者构建了恢弘细腻的秦汉风云。张宏杰撰写的《大明王朝的七张面孔》对于现实历史场景的再现虽然不多，但是对于心理活动的再现和分析却相当精彩。口述史学的访谈，核心就是让被访谈人借助照片、实物等尽可能回到历史事件发生的现场，去回忆当时的真实情形。历史剧、历史类纪录片、文化遗产的数字化或影像化，更是对重返历史现场最为直观的尝试。简而言之，公共史学的呈现虽然形态各异，但在内容上都是希望利用视觉或听觉来充分发掘感性的历史细节，达到再现或呈现历史现场的目的。

所谓"重返人间烟火"，是从取向上讲，公共史学要重建史学与民众生活的联系。"学历史有什么用"可能是近几十年来历史学专业的学生和老师遭遇最多的"灵魂之问"——这一"拷问"

也在一定程度上反映了当代学院派史学确实脱离了民众的日常生活。作为个体学者，当然可以去追求纯粹的学术，但是作为一个学科，长此以往就可能带来灾难性的后果。因为一门不能为人类尤其是社会大众提供利益或实用价值的学科，势必会变成"冷门绝学"，陷入发展危机。在过去很长一段时间里，由于学术评价体系导向等问题，历史学从业者过度追求专业化、规范化，只重视专业研究，几乎完全忽视了历史知识的应用与传播，使历史学日渐远离民众的生产生活。

实际上，民众对历史知识的需求一直存在。尤其是进入21世纪后，随着物质生活水平的提高，民众在历史文化方面的需求变得更加强烈。这种需求积累到了2006年，突然获得了较大的满足。易中天在央视"百家讲坛"栏目的"品三国"节目、当年明月创作的《明朝那些事儿》都在这一年成为了引人注目的文化现象。2007年1月，在湖南卫视首播的《大明王朝1566》又引起了人们对历史剧的关注。有意思的是，无论是讲史的易中天、写书的当年明月，还是拍电视剧的张黎，都没有历史学的专业背景。但他们的成功实践，确实刺激了一部分史学从业者进行反思，并开始重视历史知识的应用与传播。时至今日，一些学术素养深厚的前辈大家（如李伯重、葛剑雄、李开元、许纪霖等）、一些超越了学术评价体系的中年学者（如罗新、于赓哲、鲁西奇、王记录、钱茂伟等）、一些勇于遵从内心的青年英才（周东华、杨祥银、周思成、郑小悠等），在从事学术研究之余，已经开始了各种各样的公共史学实践。而在历史学门类里的考古学，更是在大力发展公共考古。可以说，近10年来的中国历史学界呈现出的最大趋向就是不少历史学从业者都在尝试去重建历史学与民众生活的联系。重新有了人间烟火气的历史学，健康度也显著提升！

中国公共史学未来会怎样呢？综合来看，在以下三个方面的发展空间最大。

首先，叙述史学的复兴会让通俗历史读物继续发展。如罗新教授的《漫长的余生：一个北魏宫女和她的时代》和鲁西奇教授的《喜：一个秦吏和他的世界》是这方面的最新成果。在通俗史学领域，除了越来越多的专业史学从业者投身实践，还有很多非专业人士投身到写作或讲史的实践中。

其次，影像史学仍然会有很大的发展空间。当下，我们已经进入影像化时代，人们对影像的接受和依赖程度会不断增加。在这种情况下，历史剧和历史纪录片等历史的影像化表达形式，必然会在历史知识传播中扮演越来越重要的作用。在这个领域，非史学从业者的实践要比史学从业者活跃得多。比如历史照片收藏爱好者邹德怀利用自己收藏的图片讲述历史，已经产生了一定的影响。

再次，数字公共史学的发展是不可阻挡的趋势。"数字敦煌"的成功，让很多文博机构意识到了数字化的价值，疫情带来的挑战又让"云上展厅"成为常态。除了这些已经发展的方面，在线历史书写等也方兴未艾。

在《中国公共史学集刊》创刊号（中国社会科学出版社，2018年）"开篇的话"中，我曾写到："希望多年以后，经过中国历史学从业者的努力，历史学能够切实满足人民大众创造美好生活的需求，历史就在每个人的生活中，成为一个更普遍的共识。"①至今多年过去了，我感觉中国历史学确实在朝这个方向前进！

---

① 姜萌：《历史就在每个人的生活中》，《中国公共史学集刊》第1集，第3页。

第六章　非虚构历史写作与历史普及

张宏杰

近年来，"非虚构历史写作"日趋火热，不少专业学者和非专业人士都在从事这方面的写作实践。那么，"非虚构历史写作"究竟在历史普及中有什么特点？写作者应该注意哪些问题？这是本章所要讨论的主题。

一、非虚构历史写作对作者的要求

"非虚构历史写作"一词在国内已经耳熟能详，但迄今似乎仍无一个明确的界定。一般来讲，"非虚构历史写作"应该有两个基本特征。第一个是"非虚构"，它不是历史小说，也不是其他主要使用虚构手法创作的历史类作品。第二个是"非学术"，它不是学术性的历史研究论著，而是面向大众的，表达上富于个性，可读性强。那么，如何写好非虚构历史作品，做好历史普及工作呢？我认为创作者应该注意以下几个方面。

第一，充分尊重大众的读史需求。

这里所说的"大众"是指除历史学专业之外各行各业的读者群体，他们的读史需求不仅仅限于"轻松好玩"，而是复杂而多层次的。除了娱乐性这个最浅表的需求层次之外，很多读者对历史还有更深入、更严肃的需求。

众所周知，政治家必须了解历史，理解他所领导的族群和国家的过去，才能做好他的工作。时至今日，历史研究的发展已经推翻了许多传统的历史叙述框架，在具体细节上也进行了大面积的更新。如果用过时的、错误的历史知识，来指导现实决策，后果可能是灾难性的。艺术家需要了解历史，起码是艺术史，这有助于他的艺术水平达到一个基本的高度。企业家需要了解历史，从历史中学习管理的经验和方法，判断企业生存环境变化的大趋势。对历史感兴趣的读者群体当中，新闻工作者很多。其原因也许是媒体工作者在横向关注这个世界的同时，尤其需要纵向的历史知识为背景，才有助于他们理解现在发生的一切。另外，我还发现经济学界的大部分人也都特别喜欢读史。很多经济学家认为，历史是他们整个知识结构中非常重要的组成部分，是他们了解这个社会必须的工具。李伯重说：

　　如果从历史的角度重新审视中国的经济改革，可以看到，我们以往对中国历史上的小农经济、市场经济、民间企业等问题的错误看法，导致了一系列错误政策的出现，结果使得在中国改革开放之前三十年中经济发展大大迟缓于东亚其他国家，而且也低于世界平均水平。①

因此，认为普通大众只需要那些肤浅的、猎奇的、故事性强的历史普及读物，这是极大的误解。不同读者的多样化读史需求，对社会发展意义重大。要满足这些严肃的读史需求，就必须提供高质量的非虚构历史作品。

　　第二，了解普通读者的接受能力和阅读心理，要有与普通读者相类的问题意识，或者至少能了解普通读者对哪些话题最感兴趣。

　　20世纪90年代以来的"历史热"当中活跃的作者大多数是非历史专业出身。《明朝那些事儿》的作者当年明月，毕业于中南财经政法大学法律系，在写《明朝那些事儿》时，他是一个海关职员。《品三国》的作者易中天虽然是大学教授，但教的是文学。他1981年毕业于武汉大学中文系中国古代文学专业。《长安十二时辰》和《显微镜下的大明》的作者马伯庸是经管专业毕业的，曾

---

① 李伯重：《为何经济学需要历史》，《读书》2015年第11期，第22页。

经在外企工作数年。《潜规则》、《血酬定律》的作者吴思1982年毕业于中国人民大学中文系，毕业后一直从事新闻及媒体工作。我本人也本科毕业于东北财经大学，曾经在银行工作多年，后来才到复旦大学攻读历史学博士，毕业后相继在清华大学、中国人民大学从事研究工作。

非历史专业出身的作者之所以能在非虚构历史写作领域取得成功，一个重要原因是他们本身就曾经是普通读者，非常清楚普通读者的阅读心理和接受能力。

《年羹尧之死》的作者郑小悠说，"写作过程中要随时把自己带入到一个非专业读者的角色，看看这样的表述能不能让人看懂，这样的解读能不能让读者产生共鸣"。[1]郑小悠是这个群体中少见的历史学"科班出身"，毕业于北京大学历史学系。不过，她在接受采访时经常开玩笑，说自己是"民科"出身：她从中学时期就喜欢历史，曾经长期混迹网络论坛，并且在论坛上小有名气，"其实是先接触互联网历史爱好者群体，然后才进入专业的历史学研究领域的"。[2]这是她非虚构历史创作的一个重要背景。

《八月炮火》的作者，美国著名非虚构历史作家芭芭拉·塔奇曼（Barbara W. Tuchman），同样不是史学科班出身。她本科毕业

---

[1] 郑小悠：《复原历史场景要有想象力》，《北京晚报》2022年3月11日。
[2] 《对话郑小悠：历史写作的真实性和文学性并不矛盾》，澎湃新闻2022年12月29日，网址见 https://www.thepaper.cn/newsDetail_forward_21338002。

于拉德克利夫学院，获得文学学士学位。她说，作者必须看到读者坐在他的书桌对面，必须搜肠刮肚地寻章摘句，传递他希望读者看到的画面，唤起他希望读者感到的情绪。非此不能写出生动鲜活的东西。①

推动中国出现历史热功不可没的《万历十五年》的作者黄仁宇也是非科班出身。黄仁宇18岁考入南开大学理学院机电工程系，入学后不久就投笔从戎，参加抗战，经历了十多年职业军人生涯。"半路出家"进入历史学界，使黄仁宇终生保持了对历史的发自生命深处的草根式兴趣。黄仁宇的所有思考与写作，都与自己的生命经验息息相关，他的研究不止是为了解决学术问题，更是为了解决个人生命中的困惑。"我所以成为历史学家，是因为自己颠沛流离，一切源于中国的动荡不安。""对我来说，历史学不只是行业技艺而已。……我开始接触这一行业和技艺，是因为动荡不安的生活造成心灵苦恼。"②

黄仁宇思考的重点是中国在已经披上近代化的外衣后，为什么内里还如此羸弱。中国与西方为何不同，中国如何才能完成现代化。这不仅是黄仁宇的问题，也是困扰几代中国人的最大问题，

---

① 姜鸣：《史学奇女芭芭拉·塔奇曼》，澎湃新闻2016年10月30日，网址见 https://www.thepaper.cn/newsDetail_forward_1551549。
② 黄仁宇：《黄河青山：黄仁宇回忆录》，张逸安译，台北：联经出版事业股份有限公司，2001年，第487页。

黄仁宇之所以拥有众多读者，是因为这些普通读者和他关心着、思考着同样的问题。

2022年下半年因为一本《翦商：殷周之变与华夏新生》引起广泛关注的历史作家李硕，硕博是历史专业，但本科毕业于北京大学中文系，研究的是古典世情小说。他说，普及性历史写作一定要有"现实感"，打通历史和现实：

> 我觉得，历史写作最关键的是打通古今。如果对现实有深入了解，在现代知识背景下、从现代人关注的角度，去考察和书写历史，就是"大历史"的感觉。如果不了解现实的历史学者，可以做个职业化"专家"，这种人以前和以后都会是大多数。①

第三，认真研究非虚构历史写作的规律。

这个世界是由无数的鄙视链组成的。正如一篇网文所说，看原版《纽约客》的鄙视看《三联生活周刊》的，看美剧的鄙视看日韩剧的。精英文化通常鄙视大众文化，写和读那些"读不懂的书"的，鄙视那些写和读轻松好读的书的。

---

① 刘秋香采写：《李硕：把古代的人和事原原本本地讲好》，刊载于《书都》2019年7月（总第25期），见《书都》微信公众号，https://mp.weixin.qq.com/s?__biz=MzI4ODA0MzY1MA==&mid=2651887696&idx=1&sn=ffbd5a61d27786a76bb4ea5edeef8434&chksm=f0205fbdc757d6abec3a3f31df8d21f86402e48f59096fd4a09778c8ba38b3244208081d2af8&scene=27#wechat_redirect。

但事实上，这个道理并不难理解：通过阅读轻松好读的书和"普通人读不懂"的书，也许能收获同样的东西。就好比通过豆腐和炒黄豆，一样能吸收大豆蛋白一样。喜欢轻松的阅读方式是人性的自然，会讲故事并不代表低级、浅薄。因此美国的《纽约时报》书评从一开始就把图书对象分为"虚构"和"非虚构"类两种，而不是什么学术和普及。

20世纪80年代以来，也曾经有一些历史学者致力于历史知识的普及化，写过一些通俗历史类作品。但是这些作品一般销量平平，成功的并不多。为什么呢？因为通俗历史写作和专业历史研究有本质的不同。打个也许不那么恰当的比方，专业历史研究者收获的是葡萄，而普通读者需要的是葡萄酒。种植葡萄，固然需要育种、打药、剪枝等技术，酿葡萄酒同样也不是没有任何技术就能胜任的。换句话说，专业史学的研究成果和通俗史学作品之间，需要一个完全充分的转化过程。

专业研究者很难成为成功的历史普及者的原因之一是学术机制，现代学术机制给研究者特别是青年学者的压力巨大，让他们没有时间、精力和动力从事普及性工作。原因之二则是心态，一些专业研究者对普及工作存在一定程度的轻视心理。

许多通俗历史作品自身确实存在大量问题，比如史实错误、以偏概全、追求耸动、行文轻佻等等。不得不说，想要写好普及性历史作品并不容易。并不是只要把东西写得口语化一些，随意一些，"水"一些，就能好读。或者说，不能把葡萄捣碎过滤加上水，就当成葡萄酒售卖。一定要花时间、花精力，研究普及的规律。

第四，要保持一定水平的文学素养。

诺贝尔文学奖曾经多次颁发给历史著作。1953年，英国丘吉尔（Winston Churchill）的"艺术性历史文献"《第二次世界大战回忆录》最后一卷出版，他也在这一年获得了诺贝尔文学奖。

虽然自民国年间引进西方社会科学方法论以来，文史哲就开始分家，但是直到20世纪90年代之前，中国的史学家基本上仍然都保持着很高的文学素养，其中的大家们更都是"有趣的人"。然自20世纪90年代以后，"思想淡出、学术突显"的学风突然到来，文学与史学才真正分离。

20世纪90年代"历史热"以来那些优秀的非虚构历史作家，大部分拥有相当好的文学功底。有学者指出："'易中天现象'一个突出的特点是，易中天们大都未受过历史学的专业训练，他们的专业大都是文学而非史学。而这正是新史学在科学史学的史料考辨与文学叙述之内在矛盾下的张裂。'易中天现象'正是从这张裂的缝隙中迸发而石破天惊的。他们体现了史学发展要求文学复归的内在张力。"[1]

① 高钟：《史学的专业化与大众化刍议——"易中天现象"的史学解构》，《苏州科技学院学报（社会科学版）》第25卷第4期，2008年，第78页。

芭芭拉·塔奇曼的作品具有突出的文学品质。她的特点是"以文学的方式书写历史，她的文字充满戏剧性和画面感，在充分发掘史料的前提下伴随着意味深长的议论和反思"。[①]

史景迁（Jonathan Spence）在读本科时曾担任《格兰塔》（Granta）杂志的编辑，那是在创意非虚构文学中最具影响力的杂志之一。所以他总是首先把自己视为一名作家，并不认为自己必须在专门史学家的辩论中做出什么贡献。[②]

一个历史类作者必须保持一定程度的文学训练，保持阅读一流文学作品的习惯，这样才有助于在表达上游刃有余。

第五，要站在专业研究者的肩膀上。

非虚构历史写作的一个重点是历史普及，也就是说，把新的、高质量的历史研究成果进行充分转化，传达给普通读者。当然，这种转化通常不是简单地对论文的白话"翻译"，而是以作者的视角对多种学术成果进行分析、判断、取舍、整合，将结果融入自己的作品当中。

因此，最好的普及性历史作家最好同时也是专业研究者，比如芭芭拉·塔奇曼、史景迁和黄仁宇，将自己的专业研究成果直

[①] 出自2015年中信出版社为巴巴拉·W. 塔奇曼（Barbara W. Tuchman）著、万里新译《史迪威与美国在中国的经验：1911—1945》所写的作者简介。

[②] 薛雍乐采写：访谈《美国历史学家华志坚：如何给大众读者讲好历史故事?》，澎湃新闻2018年9月27日，网址见https://www.163.com/dy/article/DSNGALUI0514R9P4.html。

接转化为普及读物。但是这样的作者为数不多，一个人的能力和精力毕竟是有限的。正如同有些专业历史研究者很难做好普及工作一样，大部分普及性历史写作者也很难在学术方面有太多创见。

因此，写好普及性作品，一定要密切跟踪学术界的进展，有长期、大量阅读历史类论文和专著的习惯。也就是说，普及性历史写作如果想要达到一定水准，必须要站在巨人的肩膀上，即站在专业研究者的肩膀上。马伯庸说："我自己很喜欢看论文，可以说，如果没有研究员提供的资料，我的作品就不会有这么多史实。"①马伯庸的感受很能代表非专业历史写作者对专业研究者的感激之情：

> 这些论文旁引博征，推论严谨，运用史料的方法论更是精妙。他们的每一篇论文，都着眼于解决一个或几个小问题，正好能回答我对某一处细节的疑问。许多篇论文汇总起来，就能在一个方向上形成突破，形成独特的创见。让你眼前拨云见日，豁然开朗。
>
> 在研读过程中，你能够清晰地感觉到所谓"学术共同体"的存在，他们彼此支援、借鉴与启发，一个学术成果引出另外一

---

① 专访《马伯庸：我怕被故事性绑架》，《潇湘晨报》2023年4月10日，网络版见http://vivo.chenshipin.com/vivo/643358e20c4e47389e0ee925.html?isNews=1&showComments=0。

个,环环相扣,众人拾柴,最终堆起了一团醒目的学术火焰。[①]

二、非虚构历史写作与专业历史写作的区别

基于写作目的和目标读者的不同，非虚构历史写作的语言、结构和叙述方式，都与专业历史写作有很大区别。

第一，学术语言与通俗语言的区别。

学术语言要求逻辑严密，表述准确，意思唯一，简洁清晰，不能产生歧义。同时要求就事论事，不修饰。因此，普通读者在阅读学术作品时容易感到枯燥乏味，或者说"涩"、"硬"、"晦"、"冗"。"涩"是指学术行文着意于学理性表述，文字简约，因此读起来不免有"涩"的感觉。"硬"是指密集地使用狭窄的学术领域内的概念，内容对普通读者来说过于陌生。"晦"是指表达不清晰。这种"晦"有可能是由两种原因形成的。一是在一定的研究阶段，难以得出非常简单清楚的结论，研究过程也无法简单地进行约化表述。另一种原因则是作者表达能力不足所致。"冗"体现在两个方面，一是大量堆砌材料。也许是因为研究者辛苦挖掘得来，所以每一个材料都感觉可贵，舍不得丢弃。结果是同类同质材料大

[①] 马伯庸：《四起几乎未遂的学术"诈骗"案始末》，原载于作者的新浪微博（今已不可见），转载于"博海拾贝·文摘"2016年12月14日，网址见 https://www.bohaishibei.com/post/23987/。

量堆砌，本来可能用两个例证就能说明问题，结果是排比罗列了十余个。另一个方面是语言不节制，啰嗦重复。

通俗作品的写作目的是尽可能普及传播到广大读者，所以通俗作品语言的第一个特点是浅显明白，让普通人能读懂。比如对于文言文引文必须进行处理，或者直接把文言文翻译成白话，不引原文，或者是在文言引文后面加上准确的或者概要的白话翻译。

通俗作品语言的第二个特点是可以充分使用比喻、夸张等大量文学化手法。通俗作品最重要的是深入浅出的能力。把复杂的问题简明化，把艰深的问题浅易化，往往需要比喻、夸张等文学手法。芭芭拉·塔奇曼非常重视语言。她说："说到语言，没有什么比写出一个好句子更令人满足的了。要是写得呆头呆脑，读者读起来就像在湿沙中前行，如果能写得清晰、流畅、简单但惊喜连连，那就是最高兴的事。"她擅长营造生动鲜活的历史氛围，让读者身临其境。①

通俗作品写作的第三个特点是，"非虚构历史作品"并不绝对排除使用虚构手法。有的非虚构历史作家有"洁癖"，拒绝使用虚构情节。比如芭芭拉·塔奇曼。她说：

我从不捏造任何东西，包括天气。一个读者告诉我，他尤

---

① 转引自前揭姜鸣：《史学奇女芭芭拉·塔奇曼》。

其喜欢《八月炮火》中的一段,那一段写到英军在法国登陆的下午,一声夏日惊雷在半空炸响,接着是血色残阳。他以为是我艺术加工出了一种末世景象,但事实上那是真的。是我在一个英国军官的回忆中找到了这个细节。如果存在艺术加工,那也仅仅是我挑出了这个细节,最终用对了地方。①

塔奇曼的作品,细节丰富而生动,但背后都有坚实的史料做为支撑。她说自己毫不犹豫地以最快速度扑向原始文件,"最为原始的文献是未经出版的材料:私人信件、日记、报告、命令,还有政府文档中的便条"。"没有什么比在原始文件的纸张和墨水中检索信息更让人着迷的了。"这种超级勤奋,使她下笔有神。②

但是史景迁在其作品《王氏之死》中,却花了很大的篇幅,描述了王氏在死前的梦境。这个梦境部分由非虚构进入虚构,化用了蒲松龄作品中的大量元素,揣摩女主人公对美和爱的向往,以及面临死亡的无助和恐惧。这是一个很有想象力的实验,提示了历史非虚构写作的另一种可能性。③

---

①转引自周琳:《历史学家能从"非虚构写作"中学习什么?》,澎湃新闻 2017年 8 月 6 日,网址见 https://www.thepaper.cn/newsDetail_forward_1749969。
②转引自前揭姜鸣:《史学奇女芭芭拉·塔奇曼》。
③[美]史景迁(Jonathan Spence):《王氏之死:大历史背后的小人物命运》,李孝恺译,桂林:广西师范大学出版社,2011 年。

《明朝那些事儿》也经常使用虚构的细节，如：

> 徐有贞终于成功了，他带着疲惫的身躯和得意的笑容，独自站在大门前，挡住了上殿的道路。①
>
> 急性子的夏言兴冲冲地跑去西苑了，他要表达自己的兴奋。而那个坐在阴暗角落里的严嵩，却露出了笑容。②

这些虚构的细节非常生动，画面感很强。

那么，在非虚构作品中，怎么把握虚构手法的运用呢？我个人认为，关键是要让读者能清晰地辨别出哪些部分是作者的文学化手法，而非历史事实。如果行文当中有虚构性的部分，为了处理真实与合理虚构的关系，应该采取"瓷器修复"的方法。文物修复过程中，可以用新的材料去补上缺口，但是新材料要呈现别的颜色或者质感，让人一目了然。这样参观者既能获得对文物的整体认识，又不会产生误解。在非虚构历史写作当中，虚构部分要突出其文学性，让读者一眼就能看出来，不会与真实的史料相混合，换句话说，虚构要可识别。

---

① 当年明月：《明朝那些事儿》第三部，北京：中国海关出版社，2009年，第194页。
② 当年明月：《明朝那些事儿》第五部，北京：中国海关出版社，2009年，第55页。

第二，专业写作和通俗作品结构上也有很大差别。

学术写作的结构是有明确要求的，比如一开始要有学术史回顾。结构上要层次分明，逻辑层层推进，甚至有一级标题、二级标题、三级标题。最后要有结论。注释引用要非常规范。

而通俗历史写作的结构，并没有任何定式，没有任何规范。苏轼在答谢民师的书信里说，作文"大略如行云流水，初无定质，但常行于所当行，常止于所不可不止，文理自然，姿态横生"，[①]在一定程度上来说，怎么写都可以。当然，"随心所欲"只是表面上的。实际上，通俗史学作品的结构也有其规律和要求，特别是对开头的要求很高。

开头一定要吸引读者。好莱坞的电影总是在一分钟内，就让人牢牢坐在座位上不再离开。当然，要达到这样的目的，方式是多种多样的，这就好比电影的开头，正叙、倒叙、插叙都可以。比如《公民凯恩》的开头，是从凯恩的死开始的。一本有趣的普及性历史读物，往往是从一个有趣的或者是重要的瞬间开始的。比如德国人于尔根·奈佛（Jurgen Neffe）的《爱因斯坦传》，引子写的是爱因斯坦死后大脑被解剖，而第一章则写的是1919年，以爱因斯坦的理论被天文观测所证实因而名声大噪开始。这本书第一章的开头是这样的：

①《苏轼文集》卷四九《与谢民师推官书》，孔凡礼点校，北京：中华书局，1986年，第4册，第1418页。

1919年11月7日，一个灰蒙蒙的冬日星期五的早晨。当阿尔伯特·爱因斯坦在他位于柏林哈伯兰特大街5号的寓所里醒来的时候，他的人生发生了重大的、决定性的转折。从今往后，他再也不能像以前那样生活。不过此时此刻，这个40岁的男人，对接下来的几个星期和几个月里将要面临的、直至他的生命终结都无法摆脱的状况尚一无所知。①

这样的开头制造了强烈的悬念，让读者不得不随着作者设置的叙述路径走下去。相反，如果一本人物传记从某年某日，传主在某地呱呱坠地开始，这往往预示着这本传记可能写得非常平庸。

总之开头的目的，第一个是抓住读者的注意力，吸引读者愿意读下去。第二个目的，是奠定整篇文章的基调。高质量的非虚构历史作品，如同一件艺术品，需要一个一以贯之的基调和风格，这个基调，要在开篇的几十个字中就加以奠定。理查德·沃尔特（Richard Walter）在他的名著《剧本：影视写作的艺术、技巧和商业运作》中说："观众是无法容忍故事编织工艺的故障的，无法接受一个深沉的故事最后变成了一个粗俗的笑话。"②

---

① ［德］于尔根·奈佛（Jurgen Neffe）：《爱因斯坦传》，马怀琪、陈琦译，北京：中央编译出版社，2018年，第1页。
② ［美］理查德·沃尔特（Richard Walter）：《剧本：影视写作的艺术、技巧和商业运作》，杨劲桦译，天津：天津人民出版社，2017年，第97页。

第三，非虚构历史写作在叙述方式上有别于专业写作。

非虚构历史作品的魅力在于其充满个性的表现力和不拘一格的叙述方式。借用周琳的说法，"近乎'野生'的状态，使得非虚构写作能够在束缚和苛责相对较少的情况下自由探索，专注表达，从而迸发出直击人心的魅力和生命力"。[①]芭芭拉·塔奇曼在她的著作《历史的技艺：塔奇曼论历史》中谈到写作方式的重要性，"当你为大众写作，你就得写得清楚，写得有趣，这正是好文字的两大衡量标准"，"没有必要在准确和优美中二选其一，它们是相辅相成的"。[②]

但是，在追求个性化自由表达的同时，也需要注意不能走上另一些极端：

一是表达上的过度文学化。要避免过于情绪化的描写，冗长而不知所云的开头，似是而非的诗一样的语言。

二是过度口水化。过多使用网络语言，无底线媚俗，只追求语言的"接地气"，不注意表达的准确性。

三是主题先行，为迎合受众的"翻案"、"求新"心理，故意曲解史料，内容夸张，标题耸动，为颠覆而颠覆，为解构而解构。

四是为了流量，为了热度，抄袭拼凑，几十分钟内炮制出一

[①] 前揭周琳：《历史学家能从"非虚构写作"中学习什么?》。

[②]［美］巴巴拉·W. 塔奇曼（Barbara W. Tuchman）：《历史的技艺：塔奇曼论历史》，张孝铎译，北京：中信出版社，2016年，第36、47页。

篇"爆款"。这些文章更像是从高效流水线上制造出的产品，没有自己的思考。

非虚构历史写作和专业写作虽然有诸多不同，但是在一点上应该是高度一致的，那就是它们共同的底线是真实性。它的首要任务，都是提供真实的历史信息。

优秀的非虚构历史作品，对任何读者，都应该有巨大的魅力。费正清（John King Fairbank）在为《史迪威与美国在中国的经验：1911—1945》所作的序言中说：

> 巴巴拉·塔奇曼的历史是自立的，根本用不着任何理论支持。它就是让读者着迷了，它让他们得以如此接近过去的历史，这接近的程度是前所未有的。①

显然，费正清认为，那些学术性著作未必能够做到让读者如此接近真实的历史。

王希说：

> 我觉得，比较理想的公共史学是这样一种史学：它不是一种完全屈从于官方意志或某一特定利益集团的史学，不是一

① ［美］巴巴拉·W. 塔奇曼：《史迪威与美国在中国的经验：1911—1945》"序"，万里新译，北京：中信出版社，2015年，第4页。

种枯燥无味的、板着一副说教面孔的史学,也不是一种调侃式的"娱乐史学",更不是一种牟利式的"消费史学",它应该鼓励交流与互动,但又允许独立性的思考;它引发的历史感受与个人的经历密切相关,但又能产生集体的共鸣;它并不毫无理由地排斥官方或个人叙事,但又始终保持一种批判精神。所以,一个优秀的公共史学家必须具备高超的专业素养和政治技能,他(她)需要与包括政府在内的公众社会进行协商和谈判,需要以有力和有效的方式将基于扎实研究之上的知识和见解补充到公共知识之中。他(她)需要带给公众富有启发性的思考,而不只是公众期望获得的答案。①

这当然是一种理想状态,但从中我们也可以看出,普及性历史写作也可以有宏大的目标,有相当的责任感。

①王希:《西方学术与政治语境下的公共史学——兼论公共史学在中国发展的可行性》,《天津社会科学》2013年第3期,第136页。

历史学与大众传媒

第七章　如何写好历史故事

苗子兮

　　"故事"，顾名思义，是"故时之事"，也就是过去发生的事情。

　　人们对故事的喜好或许可以追溯到远古之时，我们可以想象，在夜晚的篝火旁，部落的人们聚集起来，听长者讲述那些久远的故事。而这一行为，其实意义非凡，前人的经验，正是通过故事传递给后人，无数代故事的积累，淬炼出智慧，绽放为文明。

　　当然，不是所有"故时之事"都可以在口耳相传中成为"故事"。那些庞杂的、枝蔓纵横的过去，必须通过讲述者有意识甚至颇具技巧的修枝整叶，才能成为一个具备起因发展高潮结局、能在漫长的讲述中不断撩起听众兴趣并拨动他们心弦的好故事。

　　而一个故事能在听众心中扎根，就不能只满足消遣的需要，它往往能触动更深层的人类情感，揭示更广阔的时空意义。只有如此，它才会在人类记忆的原野上生长为繁盛的花树。

一个人的经历是有限的，而历史是无数人经历的总和，于是它为故事的生发提供了无穷无尽的沃土。那些由真实的历史人物充当主人公，由真实的历史事件衍生而来的故事，就是历史故事，它占据着故事王国的相当大一片疆土。

作为一个历史悠久的文明的一分子，我们的生长是伴随着大量的历史故事的，从"孔融让梨"到"司马光砸缸"，从"三顾茅庐"到"凿壁偷光"，这些历史故事简化为一个又一个的典故，在我们人生的某个时刻亮起，提醒着我们，前人曾经也这么经历过。

当我们从一个聆听者转变为一个讲述者时，我们如何能讲好一个历史故事呢？

遗憾的是，由于时光的冲刷，大多数过去之物已经沦于无形了，能保存至今的史料是很少的，我们往往面对的就是只言片语。要从支离破碎中还原出一个相对完整的且新奇的故事，我们便要想方设法，仰观俯察，远眺近考。

一、有关虞弘的故事

举个例子吧，1999年，考古学家在山西太原王郭村发掘了一座墓，这个墓里出土了一块墓志 (图1)、一座带浮雕和彩绘的石堂，还有墓主人和他妻子的遗骨，此外则是一些随葬品。

图1　虞弘墓志拓片

通过墓志，我们知道了墓主人名叫虞弘。[①]墓志里有一句话"年十三，任莫贺弗，衔命波斯、吐谷浑"，也就是说虞弘十三岁时，就担任莫贺弗。莫贺弗是一个柔然官衔，表明虞弘是为柔然王效力，奉命出使波斯、吐谷浑。

当我看到这句话时，我就感到这背后会是个好故事。十三岁，初中生的年纪，虞弘就成为一名使臣，出使万里之外的波斯、吐谷浑了。但遗憾的是，墓志里关于他的出使就只有这么短短十四个字，再无更多信息了，那么，我们如何讲出一个少年使臣出使远邦的故事呢？

首先，我们要知道他是谁，他来自哪里。但虞弘这个人，在其他传世史料中毫无痕迹，也就是说，要知道他的身份，我们得基本靠墓里出土的这些材料。

虞弘虽然有个汉文名字，但他却是个外国人，墓志告诉我们，他是"鱼国尉纥驎城人"，但鱼国尉纥驎城也从未在其他传世史料有过记载。有意思的是，墓志中两处出现"鱼国"的"鱼"字均曾被挖补（图2）。书写墓志乃是郑重之事，料想上石镌刻前应当已核对多次。不得已的挖补或许从一个侧面表明了虞弘的国名可能是首次进入汉语世界，以至于在选用哪个汉字来表达时连虞弘的后裔们都犹豫不决。所以我们需要从遗骨和石堂浮雕中寻找有效

[①] 详见山西省考古研究所编：《太原隋虞弘墓》，北京：文物出版社，2005年。以下引虞弘墓志及石堂浮雕，若无特别说明，皆见此书。

图2　虞弘墓志挖补痕迹

信息，来寻得虞弘故乡之踪迹。

　　墓葬中有虞弘的遗骨，已残缺，考古学家选取其部分做DNA检测，得出虞弘的线粒体DNA序列具有欧洲序列特征，故虞弘有欧罗巴人种血统。在进一步的研究中，考古学家发现虞弘的线粒体单倍型类群属于U5亚型。单倍型类群U5是最古老的西部欧亚特有单倍型之一。

　　石堂浮雕将更明确地揭示出虞弘的族属。虞弘石堂四壁有浮雕人物，根据发型服饰，可在其中分辨出至少三个民族，即波浪形长发、戴宝冠的波斯人（图3、图4、图5），短发的粟特人（图6、图7）和长披发的柔然人（图8）。有学者因其中粟特人数量最多而推测鱼国的地望和文化背景与粟特有关，其实是有失偏颇的，因为浮雕中的粟特人，大部分是侍从仆役。而石堂堂身后壁中部的宴乐图中端坐的男女二人，普遍被认为是墓主人虞弘及其夫人的形象（图9），其中虞弘便是波浪形长发、戴宝冠的波斯贵族模样。而堂身

图3 波浪形长发、戴宝冠的墓主人
（虞弘墓石堂浮雕）

图4 波浪形长发、戴宝冠的武士
（虞弘墓石堂浮雕）

图5　波浪形长发、戴宝冠的鸟身祭司（虞弘墓石堂浮雕，余蔚摄影）

图6　短发的仆从（虞弘墓石堂浮雕）

图7　短发的乐师（虞弘墓石堂浮雕）

图8　长披发的柔然人（虞弘墓石堂浮雕）

图9　墓主人宴乐（虞弘墓石堂浮雕，余蔚摄影）

后壁西侧及西壁的三幅浮雕，中心人物与宴乐图的墓主人形象十分相似，应当呈现的都是虞弘本人，也是波浪形长发、戴宝冠。可见，虞弘对波斯文化有着深切的认同，故发型装扮皆为波斯样式。虽然墓志明言虞弘是鱼国人，非波斯人，但萨珊波斯是一个庞大帝国，其治下部落藩属无数，那么，鱼国很有可能是萨珊波斯的一个小小藩属，且久为波斯文明所影响。此国无独立外交，这也解释了为何中国史籍中从未出现鱼国的踪迹。

既然虞弘可能是波斯属国之人，那么，他为何又成为柔然王的臣下呢？那是因为，虞弘家族经历了一次从波斯到柔然的大迁徙。墓志告诉我们，虽然虞弘的祖父是鱼国领民酋长，但是虞弘的父亲就成了"茹茹国莫贺去汾，达官"。那么，是什么机缘迫使家族东迁的呢？关于这一点，墓志也没有给出任何信息，我们就必须放宽眼光，去看看虞弘父祖那一代国际形势有什么重大变化。

原来，此时在萨珊波斯和柔然之间，出现了一个强大的嚈哒国，它，也许就是问题的关键。

嚈哒源于塞北，在4世纪70年代越过阿尔泰山，西迁至索格狄亚那（Sogdiana，即粟特地区）。5世纪20年代，羽翼渐丰的嚈哒开始挑战萨珊波斯的权威。起先，萨珊波斯尚居优势，后来，嚈哒人占据了上风。决定性的一役爆发在484年。

为了报上一仗失败之仇，波斯王卑路斯一世（Peroz I）亲率大军，向嚈哒挑战。不幸的是，他在行军途中落入嚈哒人设置的陷阱，几乎全军覆没，包括国王、祭司长和王室女眷在内的大批波斯贵族被俘，大片波斯领土被占领，不久后，卑路斯被杀。

以年龄推算，虞弘的祖父奴栖必然听闻了这场令萨珊波斯元气大伤的惨败，甚至我们可以大胆推测，虞弘家族很可能就是在嚈哒汹涌的侵略浪潮中不幸沦入敌境的。或许，他们曾经历过一段动荡不安且屈辱压抑的时光。后来，在机缘巧合之下，他们没有向西回归故土，而是踏上了前往东方草原的未知之旅。于是，虞弘家族便在柔然王治下谋得生存。

虞弘这么年少就成为使臣，这其中是否有家庭因素呢？答案是，有。虞弘的父亲君陀就曾经作为柔然使臣出使魏国。不过，墓志碑文在"使魏"二字后恰好残缺了四字，当文字重新浮现，君陀已成为了魏国的朔州刺史了。

朔州，按《魏书·地形志》，本是北魏六镇之一的怀朔镇，后来其地陷于柔然，寄州治于并州界。①并州，时属东魏，故君陀出使的当是东魏。

那么，虞弘的父亲为何会从柔然入东魏呢？这就不得不涉及此时东亚的政治局势。

虞弘的童年，恰当柔然汗国蒸蒸日上的时期。趁着北魏衰落、东西魏分裂的契机，柔然可汗阿那瓌占据了漠南，及时壮大了自

———————
①《魏书》卷一〇六上《地形志上》，北京：中华书局，1974年，第7册，第2498页。

己的势力，并且游刃有余地在东魏与西魏间玩起了平衡术，以谋取更大的利益。当时，东魏、西魏皆欲与柔然结盟，甚至不惜屈尊纡贵以待。西魏文帝为了迎娶阿那瓌之女，不惜废掉结发多年的元配乙弗皇后，后又慑于柔然之威，让乙弗皇后自杀。

当柔然公主出嫁西魏后，"阿那瓌遂留东魏使元整，不报信命"，并且屡屡侵犯东魏边界，作为报复，"东魏乃囚阿那瓌使温豆拔等"。①君陀或许就在温豆拔率领的使节团中，因此无法归国。不过，像君陀这样的人才是当时各国所急需的，因此，虽然留在东魏，后来他也被授予朔州刺史这样的高官，看来过得并不差。

但是，我们猜想，留在草原上的虞弘家族恐怕就没有这么顺遂了。君陀出仕于魏，或许让阿那瓌很是愤怒，进而质疑虞弘家族的忠诚。为谋得平安，他们不得不谨小慎微。

世事终有转圜时。原本与西魏联姻的阿那瓌，因为嫁与魏文帝的柔然公主不到两年便去世，进而迁怒于西魏君臣。东魏趁机与柔然结交，并约定婚姻。东魏孝静帝武定三年（545），阿那瓌将自己的另一位女儿嫁与东魏权臣高欢，两国正式进入了蜜月期。

为结成秦晋之好，柔然使臣必然频频造访东魏，而身在东魏的君陀想必在两国事务中也有助力。或许是因为这个缘故，阿那瓌解除了对草原上的虞弘家族的猜忌。

---

① 《北史》卷九八《蠕蠕传》，北京：中华书局，1974年，第10册，第3264页。

以上是我们对虞弘早期经历的探索。当虞弘成长为一位翩翩少年时，他也要登上历史舞台，接受使命，去出使远邦了。这里就要进入我们的正题了。

但对于柔然王的这项使命，我们仍有疑惑，吐谷浑是柔然的传统盟友，派人出使也属正常，而萨珊波斯却在柔然之西数千里外，为何柔然要远去结交呢？

具体的原因，墓志不详，史书已无载，但观察柔然当时的国际局势，我们就会得到答案。

因为此时，当阿那瓌环顾四周时会发现，南方已无忧，东方诸部族也对之构不成威胁，唯一的可能危机来自西方。

嚈哒自俘杀波斯王卑路斯一世后，威势大振。后卑路斯之子库巴德（Qubad）在嚈哒人支持下回国夺取王位，于是波斯便要向嚈哒俯首纳贡。老牌帝国尚且如此，周边小国自然也不得不臣服于嚈哒。在北魏时，宋云等人出使西域，所见到的嚈哒赫然一方霸主，"受诸国贡献，南至牒罗，北尽敕勒，东被于阗，西及波斯，四十余国皆来朝贡"。①

在西方得意的嚈哒自然将战马转向东方，与柔然汗国在天山南北展开争夺。早年的嚈哒曾经臣服于柔然，如今它的咄咄逼人，必然让柔然王心生愤懑。

①杨衒之撰、周祖谟校释：《洛阳伽蓝记校释》卷五《城北》，北京：中华书局，1974年，第181页。

阿那瓌想必从虞弘的父祖那里听闻过萨珊波斯与嚈哒的旧怨，而今，他又打探到现在的波斯王库思老一世励精图治，且欲一雪前耻，库思老一世刚与东罗马帝国签订了停战协议，因此能腾出手来处理东方事务了。于是，阿那瓌想到了一招"远交近攻"，与波斯联手，共同对付嚈哒人。那么，派使臣前往波斯通传此意，便势在必行了。

使臣的选择十分重要，负有国仇家恨、又精通西域事务的虞弘家族自然成为阿那瓌的考虑目标。奴栖年事已高，君陀又仕于东魏，那么家族的后起之秀虞弘将是不二人选。

柔然王庭距离波斯首都泰西封有万里之遥，且盘踞中亚的嚈哒人占据了当中的孔道。虞弘此行，既要越过草原、高山、沙漠，又要防范嚈哒人，其中艰辛万千，自不必说。漫长跋涉后，年轻的虞弘终于踏上了他祖先的土地。

那么，虞弘在波斯会看到什么呢？首先，我们猜想虞弘在幼年或许也从父祖那里听过历史故事，知晓萨珊诸王的事迹，那么，他可能带着崇敬之心观摩崖壁上描绘帝王功业的浮雕（图10）。此外，虞弘还是个琐罗亚斯德教徒，那么，他或许会在某座神庙（图11）中礼拜。总之，周遭的一切让他感到既陌生又熟悉。在穿越了大半个波斯后，虞弘来到了万王之王的都城——泰西封。

虞弘所见到的是一座气势恢宏的城市，底格里斯河穿城而过，河两岸是齐整的屋舍。在熙熙攘攘的大街上，波斯人、叙利亚人、

图10　波斯萨珊王朝沙普尔一世战胜瓦勒良
（伊朗法尔斯纳什洛斯坦［Naqsh-e Rostam］浮雕）①

---

① Davood Vakilzadeh, *A Journey to Ancient Iran*（《漫游古代伊朗》），Tehran: Shahrivar Printing House，2017，p.166.

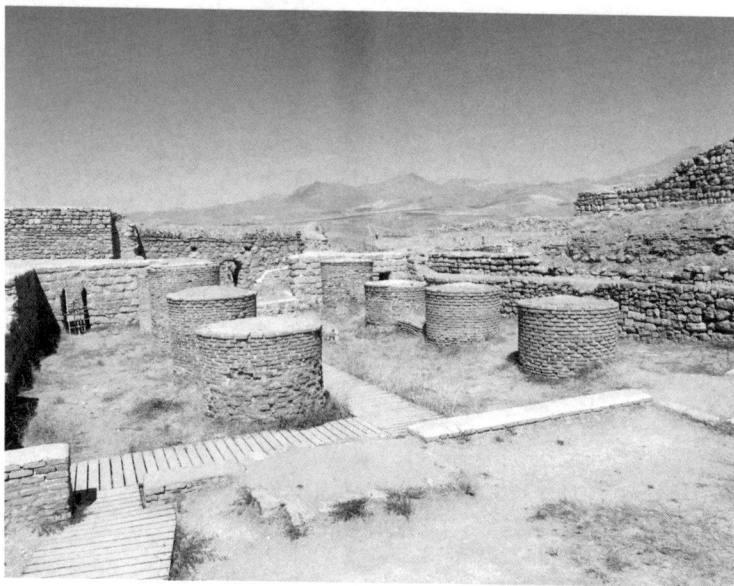

图11 波斯萨珊王朝祆教神庙遗址
（伊朗西阿塞拜疆塔赫特·苏莱曼 [Takht-e Suleiman]，作者摄影）

希腊人，甚至罗马人皆比肩继踵。店铺里，来自东方和西方的商品琳琅满目，中国的丝绸、罗马的玻璃器、波斯的金银器，应有尽有。

在这一切中，最吸引虞弘目光的，还是河畔那座雄伟无比的宫殿（**图12**），巨大的拱券宛若天门，两侧的壁墙有六层之高，饰以无数壁龛和立柱。据说，那就是波斯王库思老一世接见外国使臣的大殿。这座大殿就以库思老的名字命名，并且幸运的是，它那巨大的拱券甚至留存到了今天。

虞弘很可能就是在这座大殿里拜见了波斯王，并且以如簧巧

图12　伊拉克泰西封塔克·基斯拉（Taq-e Kasra）大殿遗址
（欧仁·弗兰丁［Eugène Flandin］绘）①

---

① Davood Vakilzadeh, *A Journey to Ancient Iran*（《漫游古代伊朗》），p.182.

舌说之以国仇家恨。那么，波斯王是否同意和柔然联合对抗嚈哒呢，我想是同意了，其理由稍后会说。

使命完成后，虞弘不敢久留，他还要前往下一个目标——吐谷浑。

此时的吐谷浑，占据青海高原一带，北接新疆南部，柔然若欲进攻嚈哒，吐谷浑可为掎角之势。且柔然与吐谷浑已为婚姻之好，据陕西西安出土的吐谷浑晖华公主墓志可知，[①] 柔然可汗阿那瓌的可敦（即可汗之正妻）就是吐谷浑的公主。因此，虞弘应当也成功达到了联合吐谷浑的目的。

至此，我们结合遗骸、石堂浮雕、时代的大局势和史书里的蛛丝马迹，将墓志里寥寥14个字敷衍出了一个跌宕起伏的家族故事：虞弘家族原是波斯藩属鱼国人，因波斯与嚈哒交战，被迫流落他方，他的父亲成为柔然王的臣下，却因为一次出使滞留东魏，导致虞弘家族遭到猜忌。而随着东魏与柔然联姻，猜忌解除。柔然王了解到波斯国仇，欲结交波斯共同对付嚈哒，熟悉波斯语言和文化的虞弘成为使臣，他不远万里回到故国，并成功说服波斯王与柔然结盟，接着他又去吐谷浑，构建起反嚈哒的战线。

但接下来，虞弘却将遭遇天翻地覆。当他完成使命归国时，却将目睹柔然帝国的崩溃。突厥从一个小部落瞬间崛起，数年之

---

① 陕西省考古研究院编：《陕西省考古研究院新入藏墓志》，上海：上海古籍出版社，2019年，墓志拓片见第4页，录文见第229页。

内，灭了柔然。命运尤其吊诡的是，新兴的突厥采取了和柔然一样的远交近攻战略，联合波斯灭了嚈哒。至此，我们有理由相信，当年波斯很可能是答应了虞弘的，只不过，突厥取代柔然，成为了它的新盟友。

于是，我们从虞弘一个人的经历中便能看到6世纪亚洲大陆上帝国间错综复杂的盟交与对抗，这让我们知道，1500年前，就已经存在一个范围广泛的"国际社会"，这大大开拓了我们对古代历史的想象，所以这个故事具有极大的时空意义。甚至，虞弘的经历并不止步于此，此后，他还将介入中国北朝的王朝纷争，由北齐至北周至隋，当然，此为后话，我们暂时不展开了。

二、解读和林格尔汉墓壁画

如果说虞弘的故事，我们尚有墓志为基础的话，那接下来，我们要接受一个更艰难的挑战，用几幅壁画来讲出一个故事。20世纪70年代，考古学家在内蒙古和林格尔小板申发掘了一座东汉墓，这座墓被盗严重，墓志铭、墓主人遗骸、陪葬品几乎都没有了，只留下满壁的壁画，我们甚至不知道墓主人姓甚名谁。[①] 其中有一幅壁画，从中我们可以看到一座雄伟的城池（**图13**），城中

①详见盖山林：《和林格尔汉墓壁画》，呼和浩特：内蒙古人民出版社，
　　1977年。

图13 内蒙古和林格尔小板申东汉墓壁画宁城全景（摹本）①

---

① 采自陈永志、黑田彰、傅宁主编：《和林格尔汉墓壁画孝子传图摹写图辑录》，北京：文物出版社，2015年。下同。

有一处官府，有一群髡头赭衣的异族人卑躬屈膝地鱼贯进入官府，向端坐于堂上的官员行礼。那么，这幅画能有什么故事呢？

首先，我们要知道，画中的城池是哪里。壁画右上角题记，标注着"宁县官署"和"宁市"，表明这里是东汉的宁城，"宁县官署"是县官办公地，而"宁市"是市场。宁城属幽州，是边陲之地，东汉的护乌桓校尉就驻扎在此，因此，壁画所绘的官府应当就是护乌桓校尉的幕府。这也被同墓壁画中大幅的使持节护乌桓校尉出行图所证实。因此，这个墓的主人就是护乌桓校尉。

那我们又要去了解，护乌桓校尉是什么官职？

乌桓为游牧民族东胡的一支，他们"俗善骑射，弋猎禽兽为事。随水草放牧，居无常处。以穹庐为舍，东开向日。食肉饮酪，以毛毳为衣"。[①]汉武帝元狩四年（前119），汉朝的军队打败了草原霸主匈奴后，乌桓臣属于汉，并南迁至上谷、渔阳、右北平、辽西、辽东五郡塞外。汉光武帝建武二十五年（49），受到草原气候恶化的影响，塞外的游牧生活难以为继，辽西乌桓大人等九百二十二人率众归附汉朝，光武帝封其首领为侯王君长，让他们皆迁徙到塞内，遍布于边境诸郡，又令他们招徕族人同来。作为交换，乌桓应当为汉朝侦查草原动静，助击匈奴、鲜卑。

为了管束这些内附的乌桓人以及与乌桓同属东胡的鲜卑人，

---

① 《后汉书》卷九〇《乌桓鲜卑列传》，北京：中华书局，1973年，第10册，第2979页。

朝廷恢复西汉制度，在上谷郡宁城县设置了护乌桓校尉以镇守当地，并负责赏赐、质子往来、岁时互市等事务。护乌桓校尉秩比二千石，并且持符节，可代表天子行事，可谓位高权重了。

我们再来看看护乌桓校尉出行图（**图14**），目前可见的128个人物、129匹马、11辆车显示出护乌桓校尉出行的喧阗气势。护乌桓校尉本人坐在由三匹骏马牵引的主车上，持着象征皇命的节。节，史载"以竹为之，柄长八尺，以旄牛尾为其眊，三重"，壁画所绘符节也有三重赤眊，合于规制。主车之外，又有钲车、鼓车、辇车、斧车，以钲鼓之声、斧钺之重象征护乌桓校尉的权威。而众多骑吏甲士佩弓执矛护卫左右，足以令边地之人心惊目骇。

接下来的问题是，墓主人为什么会被委以护乌桓校尉的重任呢？

图14 内蒙古和林格尔小板申东汉墓壁画使持节护乌桓校尉出行（摹本）

第一点理由，墓主人就是一个生长在东汉帝国的边地，熟悉少数民族事务的人。这个墓在内蒙古和林格尔，东汉时属于定襄郡，定襄郡是一个边郡。墓主人在壁画中画出了他家庄园的场景，有助于我们窥得当时定襄郡的风貌。农业是其庄园的主要生产方式。在平整的田地间，农夫驱使着两头牛合力拉犁（**图15**）。此外，壁画还描绘了采桑、沤麻等农作场景（**图16**）。种粟麦以为食，治丝麻以为衣，显然庄园里因循着汉地的衣食习惯。然牧业亦不可少，厩中牛羊肥壮，骏马成群（**图17**、**图18**、**图19**）。可知，作为汉帝国的北疆边地，这里是一片宜农宜牧的乐土。按今天的话来说，定襄郡在400毫米等降水线附近，农夫和牧人都可以在此生存，那么，他们也要展开角力。西汉武帝的一系列征伐就是角力的表现，且在一段时期内，农夫占了优势。

东汉时，匈奴发生了饥荒，"连年旱蝗，赤地数千里，草木尽枯，人畜饥疫，死耗太半"，①牧人生计变得艰难。王族内部因争权而阋墙，一派拥立日逐王比为南单于，南单于向东汉请求奉藩称臣，并提出了入塞的要求。经光武帝允许，南单于在云中郡居住，大批的匈奴人也随之而来，散布于北境各郡县。定襄郡也应该有不少匈奴人，因此，墓主人从小耳濡目染，对匈奴人的语言和风俗有一定的了解。

———————————

①《后汉书》卷八九《南匈奴列传》，第10册，第2942页。

图15 内蒙古和林格尔小板申东汉墓
壁画农耕（摹本）

图16 内蒙古和林格尔小板申东汉墓
壁画采桑沤麻（摹本）

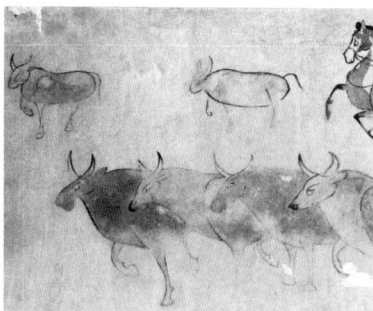

图17 内蒙古和林格尔小板申东汉墓
壁画牛群（摹本）

图18 内蒙古和林格尔小板申东汉墓
壁画马群（摹本）

图19　内蒙古和林格尔小板申东汉墓壁画羊群（摹本）

第二点理由，墓主人多次担任边郡事务，对处理民族问题得心应手。墓室壁画就清晰地展示了他的升职序列，先是举孝廉（图20），到中央任郎官（图21），表现优秀，于是外放为西河长史（图22）。西河长史是西河郡掌管兵马的属官，官秩六百石。西河郡为边郡，按汉制，"郡当边戍者，丞为长史"，[①]因此，西河长史赫然就是西河郡的二号人物，仅次于郡守。

西河郡属并州，地处汉匈边境，汉光武帝建武二十六年（50）冬，南单于徙居西河郡美稷县后，此地胡汉杂处，摩擦时有发生，桀骜的部族甚至会寇掠反叛，故此地的官吏实不好当。尤其是西河长史还承担着卫护南单于的责任，"令西河长史岁将骑二千，弛刑五百人，助中郎将卫护单于，冬屯夏罢"，[②]特为重要，非熟知边事胡俗者难当此任。

而墓主人应当在西河长史任上业绩突出，不久，他又得到了一项新的任命——行上郡属国都尉（图23）。

属国都尉是汉武帝时初置的一个官职，因武帝开疆辟土，匈奴归附者众，故设属国来管理降者，置属国都尉，秩比二千石。东汉和帝永元二年（90），因为内附的匈奴人增多，因此在上郡复置属国都尉一职。但在永和五年（140），匈奴人叛乱，上郡都尉

---

① 司马彪：《续汉书·百官志五·州郡》，见《后汉书》志第二十八，第12册，第3617页。
② 《后汉书》卷八九《南匈奴列传》，第10册，第2945页。

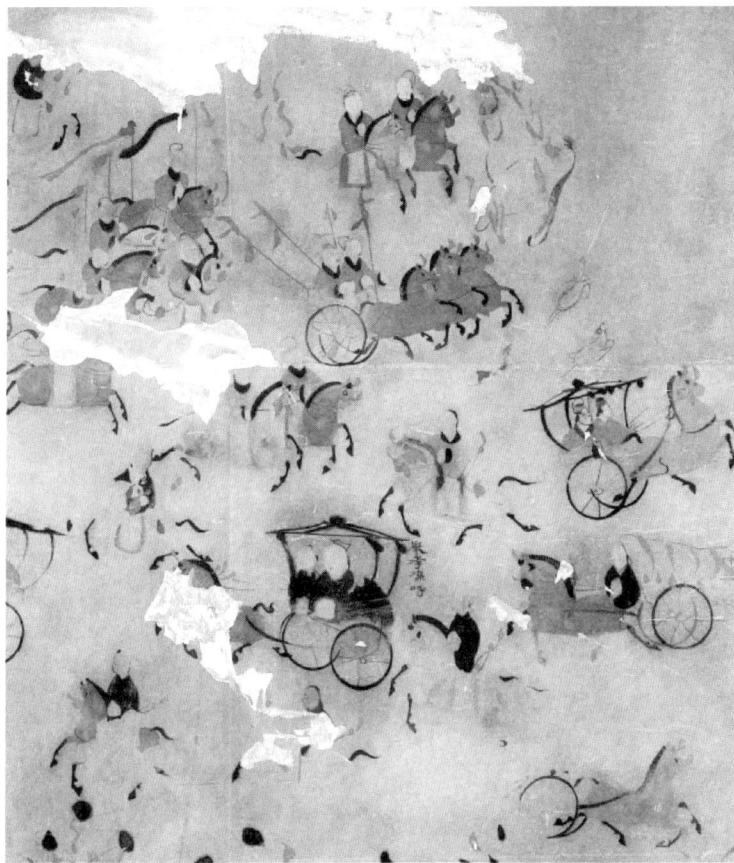

图20　内蒙古和林格尔小板申东汉墓壁画举孝廉时出行（摹本）

图21 内蒙古和林格尔小板申东汉墓壁画郎出行（摹本）

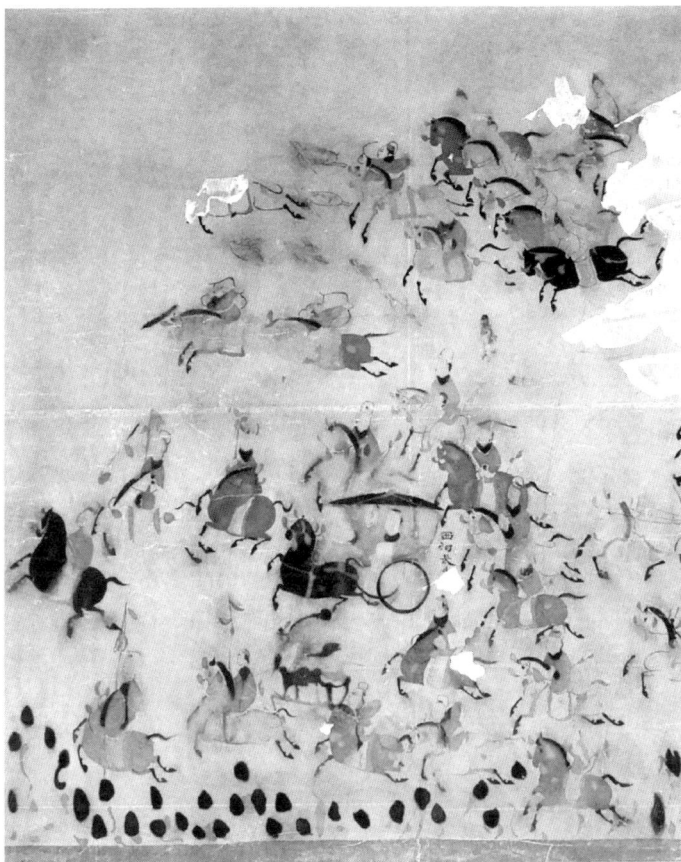

图22　内蒙古和林格尔小板申东汉墓壁画西河长史出行（摹本）

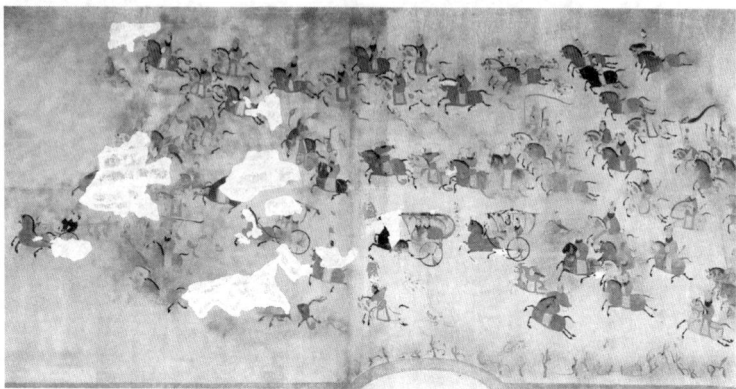

图23　内蒙古和林格尔小板申东汉墓壁画行上郡属国都尉出行（摹本）

及军司马被杀，武官严重缺员，属国都尉一职也空缺了。在边疆人才紧缺的情况下，朝廷决定由邻郡的西河长史李汉暂时代理该职，故称行上郡属国都尉。以六百石代理比二千石的要职，这是对李汉能力的充分肯定。

　　第三点理由，东汉末年，乌桓人屡屡反叛。在《后汉书·乌桓列传》的记述中，这样的动乱时隔几年就会发生，"顺帝阳嘉四年（135）冬，乌桓寇云中，遮截道上商贾车牛千余两"，"永和五年，乌桓大人阿坚、羌渠等与南匈奴左部句龙吾斯反畔"，"桓帝永寿（155—158）中，朔方乌桓与休著屠各并畔"，"延熹九年（166）夏，乌桓复与鲜卑及南匈奴寇缘边九郡，俱反"。[①]边疆动

---

① 《后汉书》卷九〇《乌桓鲜卑列传》，第10册，第2983页。

荡不宁，战火频烧，使得护乌桓校尉一职的人选格外重要。而李汉因其在西河长史、行上郡属国都尉任上处理匈奴事务的卓著表现，被朝廷选中来担此要职。

那么，墓主人到了任上，他如何不战而屈人之兵呢？与牧人打了多年交道的他明白，在草原上，只有强者才受到崇拜，所以，作为护乌桓都尉，他要树立起十足的权威来，于是，他让乌桓人来拜谒他。

壁画描绘了这场显然精心安排的拜谒仪式。当乌桓、鲜卑人来到宁城城前时，已感到气氛的森然。这些乌桓、鲜卑人被表现为髡头，身着赭缘黄衣或赭衣。而两侧陈列着兵栏（**图24**），矛戟林立，众多甲士武弁或持矛、或持刀，寒光闪耀，展示着汉军的强大实力，令这些向来桀骜的乌桓、鲜卑人也不禁俯首躬身，在官吏的审视下，进了宁城南门。

宁城作为边陲重镇，是一座有着雉堞高筑的大城，显示出金汤之固。幕府东门一带是诸曹办公地，如功曹、金曹、仓曹、阁曹、左仓曹、右仓曹、塞曹、尉曹、左贼曹、右贼曹等（**图25**），可见幕府分工细致，诸曹各司其职，能对突发事件进行及时处理。

城池坚固、兵力强盛、吏治整肃，这一切，应当都为乌桓、鲜卑人看在眼里。

乌桓、鲜卑人被引进幕府南门后，拐过一道照壁，便来到一个宽敞的庭院，院中有众多甲士环卫，戈矛铮亮，又有属吏肃立，

图24 内蒙古和林格尔小板申东汉墓壁画兵栏（摹本）

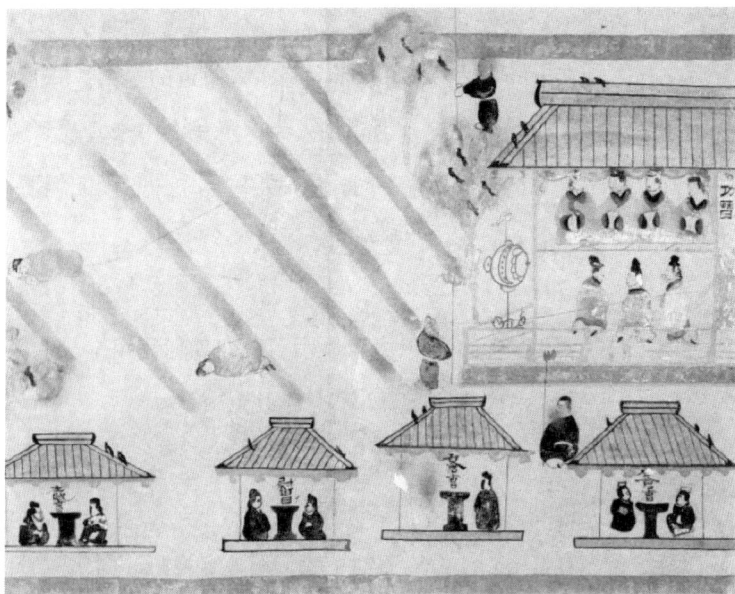

图25 内蒙古和林格尔小板申东汉墓壁画幕府东门诸曹（摹本）

态度庄严。而庭院之北为正堂，堂上朱衣端坐者就是护乌桓校尉，前有属吏对其跪拜。

对于墓主人，以及他的出色履历，乌桓、鲜卑人应当早有耳闻，知道这位长官是个杀伐决断的厉害角色。而当他们来到正堂前，见此汉官威仪时，乌桓、鲜卑人不禁匍匐，在谒者引导下，鱼贯上前礼拜，至少在此时，他们齐声表示了对天朝的恭服无二。

由此，我们通过壁画勾勒出了一个东汉官场升职记故事，一位出身边地、熟知民族事务的官员，在步入官场后兢兢业业，屡次立功于边郡，后被任命为护乌桓校尉，威震北疆。而这个故事背后，其实是农夫和牧人在400毫米等降水线附近的角力。并且，故事的后续是，气候变化这个因素加入到这场角力中来，受到威胁的牧人拼命要南下争夺生存空间，最后导致了中原王朝的崩溃，中国历史进入一个五胡云扰的乱纪元。

以上，我用两个例子，给大家展示了我们如何利用十分有限的史料，去讲出相对完整的故事，我总结几点就是：

第一，历史讯息不止藏在文字中，也藏在图像、文物甚至遗骸中，要善于利用一切可资利用的材料。

第二，当直接史料十分有限时，我们要放宽视野，向宏观看，去了解故事发生的大背景，也要旁征博引，寻找有关线索。

第三，搜集到足够的讯息后，我们再以合理的逻辑将它们编排为一个精彩的故事。

第四，只讲出故事还不够，我们还需要挖掘故事背后更宏大的力量和意义。

第八章　让历史走进影视故事

常　彧

　　我本人对历史和影视相融合的工作非常感兴趣，并有相关的从业经历，所以想和大家分享"如何让历史走进影视故事"这个话题。首先需要说明的是，我并不是专业编剧，没办法手把手地教大家怎样写一个历史剧本，但是我可以告诉大家，我们如何从历史学的角度出发，更好地帮助影视剧变得更有价值。或者更简单地说，我们如何让一部历史题材影视剧看上去逻辑更加合理、情节更加自然，同时又更富有戏剧性，历史学在这方面能对影视剧提供很大帮助。

　　我们不妨先来假想这样一个故事：有一个人离开原本熟悉的城市，来到一个非常富庶、有钱人很多的地方，然后开始和所有有钱人搞好关系，集结起自己的势力，等待时局突变，在完全没有人注意的角落组织一场事变，建立自己的地盘，然后慢慢改变整个国家乃至整个人类的命运。这个故事搁到现代，肯定是天方夜谭，极不合理。但如果我们把它放到六百年前的明朝，一个读书人背井离乡，来到整个海洋贸易的中心——广东，结识了很多的有钱人，帮助某个藩王集结起海盗的力量，开始发展自己的势力，这个故事的合理性是不是就强多了。今天当我们无法在现实中完成一个故事架设时，不妨将其置于历史背景之中，大家就会觉得这个故事具有一种天然的合理性，也变得很好看，这就是历史剧的魅力。下面我将从四个方面具体分析历史和戏剧的关系。

一、故事：在历史与戏剧之间

我们需要首先讨论的是，怎样理解历史故事和戏剧故事。我们知道，人类所经历过的所有事情都是人本身的一种经历，因此都具有一定的故事性。历史故事和戏剧故事都关注到人本身，所以二者天然具有一种相互的匹配度。当我们在讲历史故事的时候，自然而然，某些传奇的人物就具有戏剧性，我们都喜欢以他们为主人公来编撰故事。

所有的历史故事都是人的故事，我们为什么会特别喜欢看那些带有历史元素的影视剧呢？主要是因为历史故事具有一种超越生活的传奇性。同时，如果这个故事不是发生在与我们时间同轴的当下，而是发生在历史时空之中，它就会自带一种真实性的Buff（加持、增益）。这种真实性的Buff一旦加诸故事身上，大家就放弃了对它真实性的苛求。同时，带有历史元素的影视剧，还具有一种时间距离带来的美学效果。戏剧故事则对我们的历史阅读具有很大的补充效应，可以填补历史故事文本细节的缺环。此外，历史故事与历史戏剧故事之间也有明显的区别，以下分别加以论述。

1.超越生活的传奇性

我们经常会听到这样的一句话："连小说都不敢这么写。"往往用来形容一些历史上非常具有传奇性的人物。我们知道，成吉思汗是一个饱受苦难的人，幼年父亲被杀，只有母亲带着几兄弟挣扎生活，最后他居然建立了一个横跨亚欧两洲版图、极为辽阔的大蒙古国。他出生在一个荒凉、落后、贫穷的地方，却占领了世界上众多文明富庶的国度。这个人的人生自带传奇性，这种传奇性远远超过任何一位写作者想象力的边界。

我们想要写的故事往往是有边界的，然而历史上曾经有一些人创造过远超我们想象力的传奇经历。这种传奇经历由于是历史上真实发生过的，所以历史人物经常在特定的历史情境下创造出既符合逻辑，但又远超想象力的传奇故事，这些故事就自然而然地带有强烈的戏剧效果。

我们经常在网络上看到有人评价朱元璋是中国历史上最厉害的人。因为朱元璋刚来到这个世界，开启自己成长历程的时候，他起初的装备只有一个要饭的碗，可就是这样一个人，最终建立了大明帝国。他从要饭的僧人，拿着一个碗，最后就能打天下，这是我们绝大多数人不敢想象的，但朱元璋就是做到了我们想都不敢想的事情。这样具有传奇性的历史人物，不止朱元璋，也不止成吉思汗，还有很多。他们本身的传奇性就有足够的戏剧性。如果拍这些人的影视剧，大家肯定会喜欢看。

2.自带真实性Buff

历史故事会自带一种真实性的加持，一旦贴上这样的标签，历史故事就会自带一种超现实的真实性。举个最简单的例子，如果要拍一部科幻题材的故事，那么将要花很大的力气解释其背后的科学原理，就是为什么要这样做（比如说《三体》、《流浪地球》），你至少得给观众讲清楚它是真实可信的，因为科学原理本来如此。但是历史剧需要给大家讲历史原理吗？恐怕不用吧。当人物穿上古装，把他的故事放置在一个相对大家都能理解的历史背景中，那些不合理的事好像就能够合理起来了，那些看上去不真实的事好像就可以真实起来了，所以历史故事自带一种真实性的Buff。

如果历史不需要进行过多阐释，那么就会释放巨大的创作空间。当一个在现实生活中无法让大家相信它是真实的故事，比如开头说的那个假想，一旦放到历史背景中，大家看这个故事就会真实起来，这就是超现实的创作空间。我们甚至还可以把这个故事完全架空，即使成了架空剧又穿上古装，大家仍然会觉得它是真实的。现实中很多事情有高度限制，只能达到一个边界，而在历史中，历史故事可以没有边界，你可以做到想象力的极限。

在历史故事中，一般来说，我们自然而然都会产生一种与现实的对视。所谓历史故事与现实的对视，就是历史故事的真实性Buff会让观众自然而然地参与到对现实的观照中。在现实生活中，我们会在工作中受到众多限制，很多事情做不了，感到无能为力。如果把那些在现实中无法经历、或者没办法处理的事情，架设到历史故事中，我们就会自然而然地将自己代入其中。比如《大明王朝1566》，这是我认为中国有史以来拍得最好的、也是最严肃的一部历史剧，在这部剧中，观众会自然而然地代入任何阶层、任何处境，去关注一个王朝怎样改革，怎样在改革过程中步履维艰，从而与现实形成对观，让它的真实性愈加彰显。

我们知道有一些故事，看上去是不真实的。例如几年前有部剧《女医·明妃传》，讲的是明英宗非常传奇的人生经历。历史上的明英宗听了宦官王振的鬼话，带着明朝的一大帮人马冲出去跟瓦剌打了一仗，结果不但没打赢，而且自己还做了俘虏，被关了好几年。当他被俘的时候，自己的弟弟在北京城里做了皇帝。过了两年瓦剌又把他给放了回来，明英宗得知弟弟做了皇帝，处境十分尴尬。明朝皇帝成了草原民族的俘虏，后来又被释放了，这么曲折的故事本身就提供了巨大的创作空间。过去我们想都不敢想的"我"跟皇帝谈恋爱，但伴随着皇帝本人的传奇经历，就可以让这个故事显得真实起来。刘诗诗饰演的女主角，不仅能够跟皇帝谈恋爱，而且能够帮助皇帝走出苦难和困境，大家就会觉得这个故事很合理，很现实。如果明英宗一直待在紫禁城里面，那显然故事就变成了一个宫斗剧，看上去就没有那么好看。因此，历史故事只要架设得真实、合理，那么整个故事中不真实的部分也会显得真实起来。

3.时间距离感的美学效果

值得注意的是，大家喜欢看带有历史元素的影视剧，是因为我们有审美需求。一个时装题材的影视剧，给大家拍现实中的故事，现实中的人生。这个剧所有关于美的呈现止步于摄像机的摄影技术，摄影怎样捕捉画面以及演员本身的颜值是这部剧的核心。所以偶像剧无论如何都要选帅哥美女，全部故事都是发生在帅哥美女之间，发生在唯美的情景之中。哪怕是放在大学生宿舍里面拍的偶像剧，这个宿舍都要比其他同学住的宿舍精致很多。或者还有总裁的豪宅以及装修精致的办公室，它的美只能靠这些东西来呈现，是有限制的。

　　但如果是历史题材的影视剧，情况就完全不一样了。从策划到编剧、服化道团队、舞台美术团队以及摄影团队，他们都能够利用时间拉开距离，毕竟距离产生美。一旦这个时间距离被拉开，哪怕只有一百年，女士穿上旗袍，就和今天当下的正常衣着有了一定距离，马上就能吸引眼球，再拉开一千多年穿上唐代的裙子，美学效果就更加浓厚了。例如《知否知否应是绿肥红瘦》这部剧的海报（图1），非常简单，不需要任何人的颜值来烘托这部剧的美，只需要把宋代茶具陈设在那里，大家看到这种画面，自然而然就会领略到一种古雅的意味。这种古雅的意味就是靠时间距离拉开的，看上去是天然美的。又比如《梦华录》这部电视剧，最大的营销亮点就是宋代的市井生活，包括开茶楼、开酒店等等。在这

图1 《知否知否应是绿肥红瘦》海报

样的市井生活中，三个女孩子一块做生意，表现人生奋斗的成长经历。这个剧里面复原的宋代茶文化，和我们今天日常生活中的饮茶习惯是能够形成关联的。我们一提到喝茶这个事，自然而然地会和历史中的传统元素产生联系，既然如此，我们把喝茶的场景定位在中国历史上最精致的阶段，那么宋代的饮茶、茶点的制作，是不是既可以和大家的真实生活体验形成对观，又拉开了一定的距离？如果我们拍科幻剧，他们吃外星人的肉，大家没有这个生活体验，觉得不知道什么味道，从中体验不出美感来。但是同样的喝茶，你每当看到自己喝茶是驴饮，宋代喝茶却如此精致时，你是不是觉得这部剧美起来了？所以历史剧能够拉开一定的时间距离，形成一种特定的美学效果。

在军事、战争题材的影视剧中，比如《黑鹰坠落》、《兄弟连》，我们看到穿着现代军人的服装，只能在人的性格、神采以及他们的台词中感受戏剧的魅力。但如果我们拍一个古代的军人，让一位女性穿上古代的铠甲去打仗，这种反差感很大，这样的话，她的衣服是不是自然而然让她变得更加英姿飒爽了呢？今天你让一个女性穿上迷彩服，脸上涂成各种各样奇怪的迷彩色，扛着一把冲锋枪，背上巨大的背包，恐怕我们觉得她就是一个普通军人的形象。如果她留着长发、穿着铠甲、背后有红披风，骑着一匹马，驰骋在草原上，是不是整个画面就美起来了？时间距离的美学效果是历史元素的影视剧独特的一种美学效果。

　　需要强调的是，含有历史元素的影视剧，不一定非要架设在真实的历史背景和真实的人物、空间之中。例如《九霄寒夜暖》是一部纯粹的架空剧，但却加入了许多历史元素，从而为人物的非真实故事提供了一种超现实的美学效果。只要穿上古装，一切都像是真实的、合理的。只要架设在历史空间里面，哪怕这个故事纯粹是架空的，我们仍然会觉得这个故事很精彩。拉开时间距离，形成美学效果，从某种意义上也在美学层面上提供给我们巨大的想象空间和创作空间。

4.故事文本的图像化及其细节缺环填补

　　前面讲的是历史元素如何让戏剧故事变得更好看，反过来戏剧故事也对我们的历史阅读具有一种巨大的补充效应。我们在读历史书时，往往会忽略掉历史书中没办法填塞我们头脑的部分。而影视剧在荧幕上展现后，就可以让我们的历史故事图像化。举个最简单的例子，我们见过宋代的皇宫长什么样吗？皇帝的卧室长什么样？翻遍所有的史料，我们都无法构建起宋代皇帝卧室的道具陈设、空间布置。我们在读历史书时，缺乏一种场景的想象力，而影视剧可以直接呈现图像，直接填塞人们脑中关于空间的想象。所以在某种意义上，历史文本的图像化和对历史文本细节缺憾的填补，是影视剧能够帮助历史阅读的重要作用。

　　读者在阅读历史故事文本的时候，往往缺乏必要的场景联想能力。比如说，容纳一万人的空间有多大？十万人出现在一片旷野上是什么样的景象？我们对这些场景的想象力是非常有限的，但影视剧能够通过图像把它还原出来。今天我们在读历史书时，提到十万军队围攻一座城市，我们脑海中填塞的那一幅幅画面，是不是全部都来自影视剧？我们不妨再想想宋代皇帝的卧室，闭上眼睛浮现出的画面恐怕都是影视剧所呈现的吧。所以说，就故事文本的图像化而言，影视剧对历史阅读具有巨大的补充效应，而且故事文本的细节缺环也需要通过影视剧和编剧的努力把它填补上。

西晋时期发生了"八王之乱"，有八个西晋皇室的宗王发动叛乱，过程复杂，情节曲折，这一事件前后持续了八年时间，但在《资治通鉴》中这段记载有近两年的时间空白，历史细节缺失。如果我们来写剧本的话，就不能让这个事情暂停两年不管，一定要使这个故事前后连贯起来。如何填补中间缺失的两年、补全故事发展的线索，需要靠编剧的努力。因此，从某种意义上来说，戏剧故事也是我们在阅读历史时能够填补历史拼图的一个重要手段。

5. 历史故事与历史戏剧故事的区别

历史故事和含有历史元素的戏剧故事之间到底有什么样的区别呢？这个区别实际上很简单，就是《三国志》和《三国演义》之间的区别。《三国演义》是真实的三国历史吗？我们只能说不完全是，书中出现的人名很多是真实的，还有不少地名也是真实的，许多事件也是真实的，但《三国志》对赤壁之战的描写与《三国演义》完全不一样。我以前看到《三国志》对赤壁之战的描写，脑海中浮现出来的全是老版《三国演义》电视剧里面烧船的画面。我知道《三国演义》一定和真实的战争史之间差别巨大。后来了解到，1363年朱元璋和陈友谅在鄱阳湖打了一场著名的鄱阳湖之战，朱元璋在弱势的情况下，利用火攻把陈友谅的大型战舰全部烧掉，战胜了陈友谅，随后统一天下。三年后的1366年，罗贯中写了《三国演义》，他用当时流传非常广的关于鄱阳湖之战的战场细节，去重构了三国历史上那场著名的赤壁之战。《三国志》和《三国演义》之间的区别，其实就是历史故事和历史戏剧故事之间的区别。

总的来说，历史故事重视人的经历，戏剧故事强调人的成长。历史故事中的人物受到历史条件制约，戏剧故事中的人物受到人设的制约。就历史故事而言，历史人物的性格对整个事件的发展有影响，但是弱影响，而戏剧故事中的人物性格、特质、人格等等对故事情节的推动是强影响。二者在性格特质方面存在弱和强的绝对区别。阅读历史是想让人明白某个道理，但影视剧不给你讲道理，而是要告诉你这是一个什么样的人，不同的人会有什么样的命运，会有什么样不同的经历和结局。

戏剧故事和历史故事的时空观念不同。历史故事可以非常宏观，一个故事的时间线甚至可以绵延百年。然而戏剧故事的时间线要高度集中在短暂的某个时间内，也没办法在一个宏大的空间内展开。我们可以看到很多影视剧的故事场景非常小，可是历史故事完全不受时空的限制。不过，戏剧故事更重视人的经历。北京大学历史学系罗新教授有本书叫《漫长的余生：一个北魏宫女和她的时代》，写了一位北魏宫女曲折的人生经历，建构起了读者对北魏时代的宫廷和政治史的鲜活理解，但是串联起整本书的女主角王钟儿，她个人在书中有什么成长吗？好像没有。她就很善良也很倒霉，生活在南北方交战的边境地区，当了俘虏，进了宫廷，因为有点文化，受到了重用，经历了好几代皇帝，最后当了尼姑，去世后又有人给她写了一篇墓志。这就是她全部的故事，她个人有什么成长吗？我们看不出来。但是，同样是宫廷故事，影视剧更关注人的成长。什么叫人的成长？一个人怎么样从弱变强、从小变大、从失败走向成功，两性关系中一对男女怎样从不爱到爱。人是要有变化的，这个变化是不断往前发展的、是有成长的。电视剧《甄嬛传》讲述了清朝后宫中的一个嫔妃从低位走向高位的成长历程，电视剧并不解释历史，但是通过女主角的成长，让观众看到从事某种事业的艰辛曲折，自发代入了个人的奋斗经历，由此引发了观众与这个角色的强烈共情。

　　总之，影视剧要有人物变化的过程，但一般来说，历史故事中的人物就不需要这种很确定的成长经历。就受到制约的条件而言，历史上所有的人物都是受历史条件制约的，这是指人们无法反抗的历史环境、历史情境。我们会说某个人在反抗着自己的命运，但很少有人说我在反抗历史。世界大势浩浩荡荡，一个人反抗命运可以，但好像没有办法反抗历史吧。

一个真实的历史人物受到历史条件的制约，可以举一个例子。《晋书·赵至传》记载西晋时期有一个叫赵至的人，当时规定一个人的户口一旦变成兵户，一辈子就只能当兵，没办法当官。个人无法改变自己的户口，他的命运就是去当兵。赵至读过书，能力非常强，但他是兵户，就只能当兵，不能做别的事。于是他就选择逃亡，逃到别人的府邸当谋士。他母亲死的时候，父亲也不敢让他回家，因为一回家他是逃亡户，就要被抓起来，他的人生由此形成了一个巨大的悲剧。在这个悲剧里面，赵至本人从头到尾都没有进行过反抗，为什么？因为这是历史趋势，他反抗不了。这个人的人生是由历史条件限制形成的。可是戏剧故事是受到人物设置制约的，戏剧故事永远都是活在所有的人物关系中。这个人物关系包括对手、亲人、情感、权力等复杂的人际关系。所以一个人改变自己的命运，无非就是改变自己和别人的关系而已。我从一个小人物，通过个人奋斗变成了权倾天下的人，这个权倾天下的过程就要斗倒好多人，这个过程中改变了我和别人的关系。因此戏剧故事实际上是受人物设置的制约，历史条件只是塑造上述所有关系的一种手段。把它放到一个历史情景中，天然有君臣关系、男尊女卑的关系等，而历史条件只是塑造人物形象及其关系，所有的戏剧故事都在讲人物关系的变化。

就性格特质而言，一般来说，历史是弱化人物性格叙述的。重要的人物性格可能会对历史产生一定的影响。比如说在中国历史上，有一个非常有性格的人——刘邦，豁达大度、知人善任好像就是他的性格。后来我们解释刘邦之所以定鼎天下，打败项羽，建立汉朝，是因为他性格好，知人善任。你们相信这个解释吗？实际上，性格不决定刘邦的成功，性格也不决定项羽的失败。刘邦的成功是由历史条件造成的，出身底层，当过亭长，没有根据地，没有贵族包袱，他能够更现实地看待当时的时局。项羽贵族出身，有包袱，他要为项梁复仇，他不能以咸阳为首都，必须要回到他的楚国去。性格不决定他们历史命运的迥异，即便没有刘邦，也会有另一个没有包袱的人战胜项羽。所以历史故事会弱化关于性格的叙述，一旦历史叙述中强化一个人的性格，我们往往会把它当作文学来看待，历史学家很难评估性格对历史的影响。

我们知道，今天大家在理解自己生活的时候，都会把人的性格放在一个很重要的位置。但是当我们分析历史时，哪段历史可以用人的性格来解释呢？举得出例子吗？恐怕一个都举不出吧，这是一种弱影响。但是，戏剧故事中，性格、人格、个人特质对剧情的发展属于强影响。性格决定命运，人物必须有鲜明的特点，戏剧故事里面性格是推动情节发展的最重要的动因之一。编剧在做策划的时候，往往不考虑历史，先来看人设是什么，先把角色的标签贴好。戏剧故事是讲究人设的，人设会被放在非常重要的位置上，只要人设好，故事就会变得精彩，历史只是其中的辅助。

历史故事与戏剧故事着眼点的立场也有很大区别，就是它们之间的关怀和时空不太一样。历史故事重视阐释某种历史道理，而戏剧故事特别强调打造人设。所以在历史故事的阅读中，大家都想要从中学到点什么，比如对现实世界形成的某种解释等。我们读了美国黑奴被贩卖的悲惨命运，便试图去理解黑人在美国的历史地位是如何形成的，美国的棉花经济是怎样被塑造出来的。我们如果读关于改革的历史，比如北宋的改革家王安石，我们并不在意王安石性格怎么样，也不在意王安石个人怎么样，我们在意的是他这场改革对中国的历史发展有什么样的影响，我们是想从中明白道理。历史的写作者也强调从阐释历史的角度来组织故事，罗新先生在《漫长的余生：一个北魏宫女和她的时代》中，通过被历史掩盖的角色钩沉，勾勒出风云诡谲又充满人性关怀的历史故事。观众读完这本书就会明白，原来北魏是一个军功贵族的社会，一个正在汉化的社会。在这样的过程中，大家是要了解北魏宫廷政治的演进逻辑，宫廷会经历怎么样的阵痛和斗争，而王钟儿个人性格怎么样，全书没有任何表现。

因戏剧故事强调人设，真实历史人物在戏剧故事中会出现多张面孔。比如乾隆的第二任皇后那拉氏，在《还珠格格》、《如懿传》、《延禧攻略》等多部剧中都有出现，形象各不相同。在真实的历史中，我们知道只记载她断了发，然后意外身亡。而流潋紫在写《如懿传》时，对那拉氏的命运就充满同情，显然想由那拉氏来揭示男女关系的不平等。在那样的残酷社会中，一个女人想要实现自己的女性价值，会受到巨大的压抑，无法实现，从而形成人生悲剧。我们会对周迅饰演的那拉氏形成共情，对她的命运持有一种关怀。但《延禧攻略》是个爽剧，里面的那拉氏又是完全不同的形象。所以在历史元素的戏剧中，真实的历史人物是可以为了戏剧要求而进行不同的人设打造的。当然也不要太突兀，你如果要把项羽改成一个娘娘腔，没有人会答应，会被唾沫星子淹死。

历史故事会留下众多的时间空白和空间跳跃，影视故事则需要高度浓缩在时间和空间里面。田余庆先生的《东晋门阀政治》是最经典的政治史著作之一，有人会问"怎么不把田先生的《东晋门阀政治》拍成电视剧"。大家不要把这件事想得太简单，《东晋门阀政治》讲了王、庾、桓、谢几个大的门阀世家的事情，他们分散在不同的场景之中，他们的故事绵延一百多年。那这个电视剧得拍多少集？在40集电视剧里要讲一百年的事，至少在编剧层面上就很难成立。讲两个家族的斗争可以成立，但是你讲四大家族的兴替，主角、地点在不断地变换，恐怕编剧的难度就会变得很高。书本身写得很精彩，却没有办法把它翻拍成影视剧。

在《大明王朝1566》里，我们看到的时间线其实很短，就高度浓缩在前后几年的时间里。尤为重要的是，这个电视剧它不仅时间集中，空间也高度集中，就是皇宫以及皇宫外，主线故事就在那么几个有限的场景内发生的。《雍正王朝》也有类似的情况，其故事只有两大场景，第一个场景在雍和宫，是雍正还没有当上皇帝的时候，第二个场景在紫禁城雍正的房间里，是在雍正当上皇帝以后。人物都是走到这两个场景中进行交谈或者密谋，场外的空间非常少，所以这个戏剧故事的空间、时间都是高度集中的。比如年羹尧跑去西北打了一仗，这跟雍正时期的政治史、军事史关系非常密切，可是年羹尧出外打仗就必须要拍外景，拍摄打仗场景的成本又非常高，结果关于打仗的大多数画面，都在雍正的房间里面，用相互谈话的形式表现出来了。如果雍正想去杀掉谁，他又不能离开皇宫去杀，也同样在房间里面密谋派人去杀，不用另外搭外景，只需要适当增加一些角色就可以了。影视剧对空间和时间就是有这样的高要求。

二、影视剧中历史元素的浓度

影视剧中到底需要多少历史元素？历史元素的浓度到底有多少呢？从我自己的角度来看，众多影视剧其实都没有办法脱离历史元素。一般来说，我们可以把含有历史元素的影视剧分为以下四种不同的类型：第一，真实人物亲历真实事件；第二，真实人物经历虚构事件；第三，虚构人物参与真实事件；第四，虚构人物参与虚构事件。

1.真实人物亲历真实事件

一般来说，进行真实人物亲历真实事件的影视剧创作时，往往历史元素浓度最高。在电影《大决战》里，林彪的外貌特型演员和真实历史中的林彪高度相像。林彪特别喜欢吃豆子，当时的制作团队就专门让这个动作反复出现在林彪对战略深思熟虑的时候。

如果我们要强调历史人物的真实，还有一个非常简便的方法，就是把历史中出现的跟这个人有关的对话性文本直接设计到台词里面。比如《大决战》中有一段林彪安排作战部署的台词，就是当时的电报原文，它刻画了一个机敏善战、思维缜密的元帅形象，观众并不需要听懂这段话，只需要通过这段台词去感受林彪这个人物就可以了。我们知道，老版《三国演义》里面有大段台词都是直接照搬的《三国演义》小说原文，观众需要听得懂古文吗？不需要，大家只要感受当时的氛围，知道演员在念非常古雅的文字就行了。

真实人物的人设要尽可能地按照历史原型去还原，即便是需要发挥，也要在历史允许的逻辑范围内进行。比如《大决战》中有一个非常有意思的细节，粟裕在面对地图进行思考时，他常将椅子反过来坐，两只手臂搭在椅背上。其实这个动作的原型并不是粟裕，而是林彪，他喜欢一边看地图，一边手臂搭在椅背上吃豆子。但是林彪已经有了一个吃豆子的人物形象设计，跟林彪一样厉害的粟裕，要给他设计一个大家都记得住的形象，制作团队就选择了反坐椅子的动作。尽管我们知道这个动作可能原本不属于粟裕，但这是在历史逻辑范围内的合理发挥。所以大家一下子记住了粟裕，一个和林彪地位相当的战将形象。

古代人物往往存在性格不够鲜明、事件不够清晰的情况，对部分故事内容进行虚构肯定是必要的。但在虚构过程中，需要深刻理解历史背景，刻画出不同时代人物的气质风貌。在某种意义上，历史学研究就在这方面为戏剧创作提供了巨大的空间。比如说魏晋南北朝时期，这是一个贵族社会，贵族的思想意识、表达方式和看待人的视角与我们今天这样的平民社会完全不同。在贵族社会，一眼就知道这个人是贵族，那个人是平民，衣服都不一样，思想也不一样，贵族天然地对平民存有歧视。所以只有在深刻理解历史背景的情况下，才能更好地去刻画不同时代的人物风貌和气质。好多年前有个电视剧叫《兰陵王》，剧里的历史背景是北朝后期。严格地说，这个时期贵族和普通平民之间的身份差异非常大，但是全剧几乎没有任何对北朝贵族社会的反映，于是兰陵王就变成了一个偶像般的存在，战力高强、跟女性谈恋爱等等。如果制作团队对历史的把握更好一点，那这个人物的刻画就会更真实生动一些。

另外，真实历史人物无法言说的部分往往需要虚构一些人物来代替他完成。比如《雍正王朝》，雍正在皇宫里面，很多事不能由皇帝说出来，很多事不能由皇帝去做，所以二月河在创作小说以及拍电视剧时，专门设计了一个人物叫邬思道，这个人非常睿智，几乎开了上帝视角，帮助雍正夺嫡成功。在夺嫡过程中，几乎所有的阴谋诡计都是借邬思道之口说出来的，与雍正夺嫡成功直接相关的事情都是借邬思道之手去做的。历史记载没有说雍正做过，雍正在剧里也没有做，但是需要借别的人来做，这个时候就需要虚构出一个人物参与进来。在真实历史人物亲历真实历史事件的文本创作中，像邬思道这样的虚构人物是必要的。

2.真实人物经历虚构事件

真实历史人物亲历某些虚构的历史事件，也是影视剧中很常见的现象。历史戏剧往往存在大量的文学性虚构，甚至文学虚构成了故事主体。真实人物参与到虚构事件中，既要避免真实人物成为主角，又要随时关联历史，营造出相对真实的氛围。比如《黄飞鸿之二：男儿当自强》这部顶级的武打片，通过虚构的主角黄飞鸿与真实的历史人物孙中山、陆皓东等人对话，在近现代中国备受欺凌的历史背景下，表现民族觉醒。导演营造了晚清时期的历史真实氛围，通过黄飞鸿个人的转变来反映整个民族自我觉

醒的宏大转变。借虚构人物和真实人物的对话勾勒历史主题，这
是很好的表现手法。

3.虚构人物参与真实事件

这种类型有一个非常有趣的地方，就是一旦虚构人物要参与
真实事件，那么虚构人物互动的对象需要有一大群真实人物参与。
比如《射雕英雄传》，郭靖是一个虚构人物，但跟郭靖反复对话，
让大家感受到历史真实的都是一大堆沦为配角的真实人物，如成
吉思汗、哲别、拖雷等等，这样就形成了一种真实的效应。金庸
先生看过著名历史学家吴晗先生的论文《明教与大明帝国》，所以
金庸先生非常执着地认为朱元璋就是明教徒，当僧人也是明教的
僧人，因此他在《倚天屠龙记》中架设明教作为魔教的背景，巧
妙地展现了当时被中原人视作魔教的明教怎样参与到元末明初的
真实历史事件之中。尽管主角张无忌是虚构的人物，但是参与事
件的是朱元璋等真实人物，以及这段宏观历史进程也是相对真实
的。历史进程反复在虚构和真实之间形成一种拉扯，形成一种呼
应，尽管这是一部小说，但它是特别容易影视化的一部小说。

4.虚构人物参与虚构事件

这种类型一般都是架空剧。架空剧一般偏娱乐，只要大家开
心就好。但也要讲道理，不能娱乐无底线。

三、融历史于戏剧——历史学研究怎样助益影视剧的创作

1.历史学和影视剧的观念差异

进行历史元素的影视剧创作，往往需要融历史于戏剧。历史学研究本身对戏剧的创作是有很大帮助的。我们一定要把握一个大原则，即历史学的历史观不等于观众的历史观。如果我们在大学学习历史学，会学到更多跟人文主义的关怀有关、不完全被政治意识形态塑造的历史观念。但是，许多观众的历史认知止步于中学毕业的阶段。至此以后，他们对历史的看法，基本上是中学历史教科书告诉他们的那一套东西。所以，二者之间形成了相当大的差异，显然受过高等教育而形成的历史观是高于许多观众的历史观的。如果可以的话，用高位对下位进行兼容，本身会起到一种很好的引领作用。影视剧立足于现实价值，而不是史学观念。影视剧要有商业性，既要好拍，又要好看，所以不能为了某人的某种史学观念去强迫编剧、演员，这恐怕要把位置摆清。

2.影视剧立足现实价值观

学术性的历史观不同于观众的历史观。我们都知道，在对唐代的历史理解上，陈寅恪先生曾经提出"关陇本位政策"、"李武

韦杨婚姻集团"等基础史学观念。唐代初期还是一个贵族性质挺强的社会，虽然正在发生转变。但是今天关于武则天的影视剧那么多，都把武则天作为一个大女主来塑造她的传奇人生，表现她的艰苦奋斗、她的艰难取舍，几乎没有任何影视剧能够把陈寅恪先生所提到的基础历史理解融入编剧之中。因为他们知道观众不太理解这么专业的东西，但观众对于武则天的个人奋斗经历还是比较了解和好奇的。大家对"关陇本位政策"本来就不一定那么了解，编剧也不好融合。当然我们知道，如果咱们的编剧水平更高一点，读过的历史书更多一点，对历史的理解更透彻一点，把这些东西加入到戏剧创作中会让这个剧更为深刻，更有意义。

相当部分的影视剧在历史观方面其实并没有和历史学的历史观相一致，但是和主流的方向是一致的。这提醒我们注意，更深刻的生活体验、更高明的历史观念和更丰富的人物理解，有可能让影视剧变得更好。创作者没办法摆脱平民生活的想象去体验贵族社会，事实上也没办法想象高层政治会议。编剧写剧本的时候，往往会把朝堂会议弄得跟影视公司办公室开策划会一样，吵来吵去，某个人可以拍桌，甚至骂人，每个人性格尽显。编剧可能没有开过更高级别的会议，所以他们写出来的高层政治会议，就很不可靠。如果学过历史学，就更能理解这种级别的会议，怎样表达会更好。更高明的历史观念，超越现阶段义务教育的历史观，会带来耳目一新的效果。比如电视剧《走向共和》，它其实相当程度上反映近现代史研究在史学领域取得的新成果，塑造出的孙中山、袁世凯等人的形象也和过去教科书中的形象有一定的差异。这部剧拍出来以后，由于提供给观众耳目一新的近代史理解，也引发了很多争议。更丰富的人物理解和人物评价往往存在两面性。我们知道，历史学本身并不过多地去关心历史人物的评价。到底是刘备好还是曹操好？研究历史的人关心这个问题吗？我们不关心。但是，写小说和拍影视剧的人必须要找到一个正面，一个反面；塑造一个好的，一个坏的。这个时候他们就需要对人物的丰富性进行探讨。在这方面历史学能够给他们一些更好的指导。

影视剧立足于现实价值观，所有的影视剧仍然具有商业属性，决定了影视剧没有办法完全复原真实的历史人物及其历史价值。在历史元素的影视剧中，"大女主"往往是一个最大的卖点，能够迎合女性的观影需求。可是我们知道，所有"大女主"的影视剧，恐怕没人说这些塑造出的"大女主"在真实历史中就是如此。现在的影视剧会策划古装女主角的技能，可能会医术、会做生意等，但是在真实的古代社会，女性的技能无非就是女工、相夫教子。在古代男尊女卑的社会中，女性的分工是非常刻板的。拍影视剧，女主角就是在做针线活、相夫教子，最多再读点书，好像也没什么意义。所以，都要给她们一个技能才好，比如女医生。我还见过给予女主角探矿技能的，帮助国家探明了金矿，让国家变得富裕。无论如何，影视剧的女性要具有一种技能。不一定非要符合真实历史上的女性形象和地位，只要能够迎合某一种现实中大家的观影需求，符合今天的价值期待，那么它的历史价值观很大程度上就被回避掉了。

3.现实政治意识具有决定性

我们知道，现实政治意识对影视剧创作具有强烈的决定性。有部日本影片叫做《永远的0》，讲述了一个现实生活中的日本青年，寻找自己祖父辈在二战中的踪迹。主角是一个日本的飞行教官，他一直都是怯懦的，反对任何人走上战场，后来他为了保护自己的学生，自己驾驶着学生的战斗机，对美国的航空母舰发动了自杀式冲锋。按理来说，这是一部反对战争、珍爱和平的电影吧。但是，参与到这场战争中的军国主义分子是值得正面歌颂的吗？对于日本而言，这个人绝对具有正面形象。但是对于有些历史观、价值观还停留在中学阶段的中国观影群众而言，男主角只是一个军国主义分子。这部电影在国际上影响挺大的，偏偏在中国市场上充满了争议。现实的政治意识对这个影片产生了很大的影响。还有一部日本电影是《男人们的大和》，这部影片讲述了一个男孩子自我成长，努力学习，加入海军，为了拯救日本帝国的命运来到大和舰上，却发现战争如此残酷，自己的同僚先后死亡，大和舰被击沉。很多年以后，自己的后辈去追寻祖辈的故事，终于在沉到水底的大和舰影像上以及当年祖父同僚的回忆中想象出祖父当年的样子。按理说，生活在21世纪的日本年轻人，去追寻二战中祖父辈的踪迹，对于他们来说没什么吧。可是中国的观影群众，一旦看到这样的片子，看到日本皇室的菊纹，一旦看到象征军国主义的大和舰，无论如何也很难把它当做一个有正常价值观的影片来看。

战争问题的立场非常难选择。比如说，战场上的人往往具有两面性，历史学家能够从更高的、更客观的角度来理解一场战争，而非简单地反战，或者单薄地拥护和平。历史上参与战争的人，他们的身份都非常复杂，态度也非常复杂。有一部影片叫《联合舰队司令长官山本五十六》，它刻画的山本五十六温文尔雅、睿智善良，他为了阻止日本帝国陷入更大的战争而倾尽全力，只有当自己无法避免历史潮流裹挟，被迫参与到决战中时，才努力让日本海军以弱胜强，获得胜利。我们知道，任何一个国家塑造自己的军人，都会用这样的方法来塑造。可是那是山本五十六，罪恶的侵略分子，这样的影片就完全变成一种立场选择，而不取决于影片质量如何。很多抨击我们现在影视剧制度的人说，因为有严格的审查存在，我们好多剧都没有办法拍了，当然限制条件非常大。但是，每个国家都会有自己的政治正确。美国的政治正确丝毫不比中国的政治审查弱多少，以至于美人鱼也变成了黑人，埃及艳后也变成了黑人，白雪公主也变成了黑人。我们不歧视黑人，但是也和我们传统的刻板印象差别太大了。

　　主旋律是有新唱法的，绝大多数被普遍认可的价值，也就是影视剧中本身应该去展现的价值。历史元素影视剧主旋律占比非常大，历史学家能为主旋律的剧创作出更多的题材和内容。我们知道美国也有很多主旋律的影视剧，比如说《血战钢锯岭》，这部电影讲一个从来不愿开枪的战士，通过在战场上救人，赢得了大家的信任，点燃了大家的勇气，最后消灭了日本人。一个不愿意开枪的虔诚信徒，用不开枪的方式参与到战争之中，并且获得了胜利。按理来说，这就是美国人拍的抗日神剧。可是。历史学家发掘出《血战钢锯岭》男主角的故事，知道他有个不开枪的特点，正好暗合了反暴力、反战的主流价值需求。美国的主旋律和主流价值需求相互叠加，相互一致，那这部电影不就在整个战争题材的电影市场上大行其道了嘛。

4.用历史学提升影视剧的背景深度

　　历史学勾勒出一个时代的宏观背景，能够直接让观众融入到历史氛围中，形成更好的观影体验。历史学总体而言对人类社会的发展历程、宏观历史态势和不同时段的整体特点有更深刻地理解和把握，所以历史学能够更好地帮助影视剧创作提升其背景深度。比如《黄飞鸿之二：男儿当自强》这部电影有个片段的背景音乐是戏剧，画面里面几乎把晚清到民国时期所有的市民生态细节和历史矛盾背景勾勒出来了，戏词也符合全剧的调性。这样一个片段，就会让观众感受到整个中国近代历史上民众的愚昧麻木。外面已经一片乱局了，但这一边却仍在歌舞升平。那些落后的、封建的、迷信的成分，变成了底层所有百姓的主流心态。我想这些知识恐怕都不是编剧自己研究出来的，整个中国近代的历史叙述中，底层民众的麻木迷信，就是我们历史学提供的对晚清到民国时期的社会生态的一种整体描述。编剧们看到这些历史叙述后，就能够自然而然地通过唱词的融入和不同画面镜头的跳转将历史研究成果展现出来。我们观众看完这一段后，自然也会对黄飞鸿这个人物在剧中实现自我转换的原因有了更深刻的理解。黄飞鸿一方面通过跟孙文、陆皓东的对话，点燃了自己向现代化转变的意志，另外一方面也通过前面的这一段过场，这一段唱词形成了他对现实生活的批判。我想这就是历史学帮助影视剧提升理解深度非常成功的案例。

四、制造历史故事——历史元素影视剧的创作

那么，应该怎样创造一个历史故事呢？首先，我想所有人都应该正确把握主流价值观和历史观，并不是为了一种简单的政治自觉。实际上，主旋律提供的创作空间是极大的，因为毕竟大部分人的价值观和历史观是主旋律的。有效地进行选角来架设历史

人设，既有方便法门，也有高难模式。在写历史故事时，一定程度上需要兼顾理解力和制作难度。比如说韩国电影《鸣梁海战》，韩国人拍的抗日神剧，这部电影讲李舜臣率领朝鲜的几艘小破船打败了日本庞大的舰队。在这场海战中，朝鲜怎样顶住日本的进攻，实现朝鲜的民族独立，毫无疑问，这是韩国的主流价值观，是韩国人的政治价值观、历史观。这个故事韩国人耳熟能详，是观众最期待的历史故事，所以这样的故事拍出来，自然就有观众去看。制作稍微精美一点，票房就会爆棚。

把握主流的价值观和历史观，历史学的创新和发展在学术层面会不断地推动历史观的进步。影视剧的创作需要在主流的价值观和历史观内完成创作。编剧有良好的历史学修养，能够有效地处理爱国主义，而非狂热的爱国主义，能够让民族主义得到正面的宣传，而不是陷入到非常狭隘的民族主义里面。多年前有一部电影叫《十月围城》，主要讲的是怎样营救孙中山的故事，在整个营救过程中，不同阶层、不同势力的人都有参与。革命是一个主流价值观，孙中山是一个正面的历史人物形象，大家看这些人怎么去帮助解救孙中山，自然而然有可创作的空间。这个电影很有意思，对于中国内地的观众而言，觉得好"假大空"，但这个电影在香港，大家看着特带劲。因为，香港观众对这段历史有一些陌生，一看到这种价值观的电影，其实他们反而感觉会更好。

在处理民族主义的部分问题上，我们都知道，这些年总会出现抗日神剧。为什么呢？因为在抗日战争中，不论是正面战场，还是敌后战场，值得大书特书的大战役胜利并不多。既然大战役的胜利不好展示，导演要拍是不是只能虚构一些具有传奇色彩的小人物，编造他们的非凡能力，把这个事说圆？当然，民族主义本身是我们的主流价值观，所以，它有巨大的创作空间，也有人会去看。

实际上，如果有深刻的历史学、民族学的研究，我们是能够把这个问题处理得更好的。我国台湾的人类学研究非常出色，台湾的近代历史研究也达到了很高的高度，对他们的影视剧创作提供了巨大帮助。多年前有一部非常好的电影《赛德克·巴莱》，综合反映了台湾近现代史研究、人类学研究的成果。这部电影讲的是，日本人打进来，台湾要被割让了，一个高度发达的工业文明开始欺凌生活在山地中的原住民。原住民只有原始、落后的技术方式，按道理讲，如果他们要反抗，就是野蛮对抗文明了吧，但从民族主义角度讲，又是对抗外来侵略。其中，有一句经典的台词："如果你的文明是让我们卑躬屈膝，那我就带你们看见野蛮的骄傲。"这段台词在影片中非常精彩，这部电影过度宣传民族主义了吗？没有，因为它也在反思落后。它是一种狂热的爱国主义吗？不是，这是一群被逼到极致而被迫反抗的人。反抗外来侵略是主流的历史价值观，民族自我拯救也是主流历史价值观，二者在电影中完全不矛盾。可是，如果缺乏对原住民深刻的人类学研究，缺乏对雾社事件详细的历史学背景研究，恐怕这个电影是拍不出来的。当然，还得有优秀的编剧，更好地架设人物，才能够把故事串联起来。

历史元素影视剧创作的高难模式就是原创，原创历史剧非常困难。但同时又有一个方便法门，那就是把已有的历史故事进行现代改编，比如《梦华录》。我们知道的历史故事非常多，在已有的故事基础上，文学故事的改编要相对简单一些。

总之，我相信，如果我们认真学习历史学，认真阅读历史文本，同时具备一定的编剧思维，就能够有效地让历史学走进我们的影视剧，从而更好地为观众提供高层次、具有一定深度的影视作品。

（此文据 2023 年 4 月 21 日作者在中国人民大学本科生"新媒体时代的历史学"课程授课录音稿整理修订而成。）

第九章　新媒体时代考古文博知识的公众传播

耿　朔

一、"考古热"与文博探索类节目的兴起

我记得二十年前刚考上大学时，别人听说我学的是考古专业，反应往往是"啊?"，流露出惊讶和不解的表情，这几年听到的是"哇!"，觉得考古很酷，可以说社会对于考古的观察发生了巨大的变化。之所以形成这种新的氛围，背后的因素和条件当然很多，我也难以全面概括，我讲讲体会比较深的几个方面吧。

和多数文科专业的知识形态不同，考古文博专业研究的对象是物质性的，看得见甚至摸得着，但过去它们大多蓬头垢面。为什么这么说呢? 我们可以想一想，许多考古遗址和文物过去曝于荒野，即便有保护，也往往只是围上铁栏杆了事，与公众生活是

绝缘的，而近年来，考古遗址公园和遗址博物馆在中国遍地开花，将文物保护、研究与对公众的展示结合起来，成为公园，就说明公众是可以去玩的，在玩的同时亲近古迹，触摸历史，真正做到寓教于乐，众多考古遗址得以掀起盖头来。截止到2022年，全国国家考古遗址公园共有36个挂牌单位和67个立项单位，而省级考古遗址公园也有相当数量，2021年全国新增备案博物馆395家，其中不乏遗址类博物馆，创新了考古出土品的展陈形式。

这些现象的背后，是国家政策的支撑。2016年，国务院办公厅转发文化部、国家发改委、财政部、国家文物局《关于推动文化文物单位文化创意产品开发的若干意见》，在那之后，各种政策、法规、意见、措施、规划可谓层出不穷。"让文物活起来"不是一句口号，而是已经催生出众多文化产品。

从考古学科本身的发展来说，新的考古发现与研究成果不断涌现，尤其像良渚、石峁、二里头、三星堆这些遗址，提供了关乎中华文明起源等重大问题的信息，对它们感兴趣的人很多。不同于以往学者写书、公众读书的单方面知识传播路径，我们看到近年来一些相关学术讨论开始进入公共舆论场，一些主流学者有意识地回应公众的关切，展开对话，这在以前是没有过的。如中国社科院考古研究所的许宏老师，他担任过多年的二里头考古队队长，在潜心考古发掘和学术研究的同时，也出版了多本大众也看得懂的考古书籍，如《何以中国：公元前2000年的中原图景》、

《最早的中国：二里头文明的崛起》等等，也在微博上、在视频节目中和考古爱好者积极互动。

还有一个方面我觉得至为重要，那就是科技突飞猛进的发展，移动互联网和虚拟现实的介入，不仅突破过去的一些技术桎梏，也推动新媒体时代知识共享理念的普及。技术与观念不断发生碰撞，从而催生出多种新型知识传播形式，尝试解决公众多层次的知识需求和业内文化产品提供严重不足之间的矛盾。如今在各大平台热播的文博探索类节目，就是在这一背景下应时而兴，促进了考古文博知识的公众传播，我个人也有幸参与其中。

如果"追根溯源"，我在上学的时候就开始给一些报刊杂志写历史文化方面的普及文章，在撰写博士论文最紧张的阶段，同步写了一本关于江南的游记（《总有一段时光，虚度在江南》），也曾在校外讲过一些历史文化方面的课程，但那都是偶尔为之，方式也比较传统。真正开始较为频繁地参与公众传播活动，特别是涉足视频、音频和其他新媒体形式，差不多要到走上工作岗位以后了。这得益于我所供职的中央美术学院开放的工作环境，我们学校对老师们除了教学、科研、创作方面的要求外，也很强调用专业所长服务社会。

我在2017年底参与中央电视台文博探索类节目《国家宝藏》第一季的录制，这个节目当时反响很大，成为一档现象级综艺。现在回头看，《国家宝藏》确实掀起了文博探索类节目创新的热潮，在那之后，包括央视和多个地方卫视，以及各个视频平台推出了各种形式的文博节目，其中不少节目的影响力可谓出圈，大有乱花渐欲迷人眼之感，相信大家对此有目共睹。

对我个人来说，参与录制《国家宝藏》是比较重要的尝试，那是我第一次出现在电视镜头前。因为合作效果较好，从第二季开始，我被导演组聘为顾问专家，从台前转为幕后，我们的合作还在继续。此外，最近四五年在电视节目方面，我还担任了央视纪录片《如果国宝会说话》学术顾问、中英合拍纪录片《中国的宝藏》艺术顾问、央视《中国国宝大会》第二季出题专家、北京卫视《书画里的中国》第二季专家嘉宾、山东卫视《馆长来了》专家顾问。其他视频平台的合作有为学而思网校录制素质拓展课《国宝里的中国通史》，参与中信出版集团制作的原创学者对谈节目《书店请回答》。数字体验展方面，这几年受跨媒体艺术创意团队黑弓的邀请，参与在首都博物馆举办的《文物的时空漫游》和洛阳方面委托的"大河荟演艺综合体"项目的策划。音频节目也做了一些，如在三联中读推出《有温度的六朝史——从衣食住行说起》、《八条古道游学中国——给孩子的人文地理课》等专栏节目。至于直播、播客等形式，也多少有所涉猎，去年还给腾讯三国题材手游《鸿图之下》提供智力支持。可以说我见证了近年来文博探索类节目的兴起，并深度参与了多档节目的策划，体验了各种新媒体的知识传播形式。基于我自身的实践经历，想谈谈对当下考古文博知识公众传播现象的一些个人观察和思考。

二、文博探索类节目的制作与影响
——以《国家宝藏》节目为例

《国家宝藏》这个节目播出后产生了很大的社会影响，被评为"2017年度最受关注大陆电视综艺节目"，媒体评价它开启了"古典文化综艺元年"。由于我参与这个节目的程度较深，不妨就以它为例来说说节目制作背后的故事和体悟。

从2017年底算起，《国家宝藏》到现在已经做了三季节目和一些衍生节目，后者包括2019、2020年的两次国宝音乐会和2021年的展演季。我和这个节目结缘很偶然。《国家宝藏》第一季是2017年12月初开播的，当时身边很多朋友在看，觉得节目形式很新颖，我也看了一点，发过一些评论，但完全没有想过会和它发生关系。到了12月下旬，节目组通过他人介绍找到我，那时候已经播出几期了，他们要做南京博物院藏南朝"竹林七贤与荣启期"拼砌砖画，这是南博推荐给《国家宝藏》的三件文物之一，需要找相关领域的研究者请教一些问题。恰巧我刚刚完成的博士后出站报告中研究了这组文物，节目组和我见面聊了半天，我感觉对方的专业素养很高，很快领会了我所做研究的逻辑和要点，看得出来他们很感兴趣，但当时没有谈及上节目，我以为只是提供一些资料。

　　当天晚上，我接到节目组很长的一个电话，对方在电话中邀请我登台，说节目组回去讨论后，认为我可以解释清楚这幅砖画的前世今生。我当时很意外，因为完全没有想到，也比较犹豫，我看节目请到的国宝今生讲述人多是有着精深研究的学者，许多是我熟悉的前辈，包括我的老师，他们都十几年甚至几十年致力于某件文物的钻研，成果斐然，而我只是学界新人，所做的研究也不够完善，很担心能否胜任。但最终我被节目组的信任和恳切所打动，有两点让我印象很深：第一，过去文博、鉴宝类节目观众年龄普遍偏大，但从《国家宝藏》当时收视情况来看，收视的第一大群体其实是20—25岁的年轻人，差不多是大学生的年龄，第二大群体是15—20岁接近高中生的年龄段。我上B站一看，真是满屏弹幕迷人眼！才发现在二次元世界也那么受关注。第二，与此相关，节目组很希望能有年轻专家来讲故事，这样才能展现学术研究代代相承。我便答应了这一邀请。

　　《国家宝藏》的模式主要是"前世传奇"加"今生故事"的组合，构成对某一件文物的立体展示。"前世"是基于文物本体创作的小剧场演出，把观众带回文物最初发挥功能的历史现场，由明星"国宝守护人"担任主演，"今生"则展开跨学科、跨领域的人物访谈，对文物做深入解读。这种模式是完全的原创，加之还有音乐舞蹈和视觉特效，给观众带去了丰富多样的观看体验。

　　我那一期节目是在2018年元旦假期后录制的，我的角色就是登台讲述与国宝的今生故事，也就是自己所做有关"竹林七贤与荣启期"砖画相关研究。节目组广泛咨询了相关领域专家的看法，也吸纳了我的意见，当然在此基础上，根据电视节目的特点和需要，他们也进行了艺术加工，方方面面考虑很周全，还特意制作了和原砖等大的道具砖。袁弘等演员扮演竹林七贤与荣启期，演绎了一个很热闹的故事。随后我们利用事先制作的砖画道具来展示砖的排列组合，我通过拼图这种简单的方式，以及舞台演示，把砖画的艺术价值、历史价值展示出来。

　　这次经历让我了解到做电视的不易，台上一分钟，台下要花费几何倍数的时间和精力。至于登台和课堂的区别，我感觉还是很大的。当时于蕾总导演跟我说，大学课堂面对的是有一定积累的学生，老师希望尽量在有限的时间里讲更多知识点，而观众看电视是随意的，可以在任何时间换到这个频道，他们对节目内容往往没有任何了解，几句话讲得没意思，就会换台。正因为观众接受信息是随机的，所以信息的准确性至关重要，因此我在节目中没有把"竹林七贤与荣启期"简化成"竹林七贤"，也没有把南京博物院简称为"南博"。

　　这一期节目在春节前一天开播，可以说瞬间引爆舆论。春节期间，很多观众来南京博物院排队参观国宝。南京冷雨绵绵，但我从新闻报道中看到南京博物院外排起了长队，还有从南京周边其他地区专门赶来的，据说大多都是因为看了《国家宝藏》后要来馆里寻宝，其中孩子特别多。

从《国家宝藏》第二季开始，我被导演组聘为顾问专家。从开策划会讨论该季节目的主题，到讨论每个博物馆上选哪三件国宝，再到台本的一轮轮修改，直至最后播出前的审片，我都参与。可以说相比台前，从事幕后工作是全程参与了节目的制作，体会自然更深。

《国家宝藏》这个节目形态和过去的文博类节目有很大的区别，最重要的一点是走出了猎奇和亮宝的套路。说到对于传统文化的了解，我想我和很多70后、80后在成长过程中有相似的感受，那就是如同雾里看花、水中望月，纯粹是欣赏另一个世界的文化艺术，将书本合上以后，很快又回到了现实世界，两者之间是没有交集的平行时空。但是这几年传统文化的传播推广开始贴近生活，越来越让人感觉到传统事物与生活具有实际性的联系，最显著的现象就是各种国潮产品的纷纷涌现，传统文化不只能被欣赏，也能被消费、被使用。《国家宝藏》这档节目也在思考，如何激活历史与当今现实生活的链接，发掘长期以来我们未曾察觉的东西，而并不是单纯宣传传统文化有多么优秀，在我看来，这成为节目的基础定位。

上述思路，在国宝选取上就首先充分体现出来，每个馆的精品文物都有相当的数量，只选三个真是太难了，以什么为选取标准呢？就像总导演于蕾在接受媒体采访时说过："我们不大考虑二级文物还是一级文物，也不看它是否禁止出境。我们选择的是，能够印证了我们民族的某一个基因密码的东西，它要能代表中华民族一个性格的维度。"在这个基础之上，我们还要求选出来的文物，既能演绎前世传奇，也能讲好今生故事，两者中如果有一个不好阐释，可能就会被放弃。例如第二季选河北博物院的国宝时，于蕾和我都十分中意曲阳五代王处直墓出土的白石彩绘散乐图浮雕。于蕾认为它的前世传奇可以演得很精彩，可以请民乐团来演奏，而我提醒导演组注意石雕中的一处细节：弹奏箜篌的女性用两只手演奏，右手和琴弦是凸出的浮雕，而被琴弦遮挡的左手则是通过非常简单的几根阴刻来表现，这种对于透视的巧妙营造，很好地体现了中国古代在艺术表现上的美学价值，这种委婉轻盈的感受，今天的中国人一点也不陌生。导演组一听都觉得很动人，文物顺利入选，亮相屏幕，后来这一细部还被做成该件文物的节目海报 (图1)。于蕾说："我们希望让人们通过这件器物，能够感受到我们今天为什么以这种生活方式存在，我们今天为什么有这样的审美，我们为什么有这样的生活方式、生活习惯，我们为什么有这样的饮食兴趣爱好，我们为什么有这样的哲学、这样的价值观。"也就是去重新发掘以我们未曾觉察的方式存留在今天生活当中的那些祖先创造。

随着节目的推进，灵感被不断碰撞出来。"国宝"的范围在

图1　《国家宝藏》五代白石彩绘散乐图浮雕海报

不断拓展，我们对"国宝"的理解也在不断加深。云南省博物馆
那期，节目组选择了聂耳小提琴，我记得在内部策划会上是有过
一些争议的。因为这件小提琴是民国文物，时代不算久远，是德
国的产品，而且做工并不精致，质量也不属于上乘，似乎够不上
"国家宝藏"。但最终还是选了它，因为聂耳通过这把小提琴创作
出多首革命歌曲，包括《义勇军进行曲》，极大地激励了当时在苦
难中抗争和前进的中国人民。再比如第三季"苏州古典园林"那
一期，我们选中了一株植物——文征明手植紫藤，这是三季《国
家宝藏》中唯一的一件活文物。我起初持保留意见，虽然它是一

件活的国宝，但我认为它和我们的节目定位还有一些偏差。导演组坚持了他们的决定，后来我发现是我错了，因为节目播出后效果很好。作为活的文物，这株紫藤不仅蕴含历史意义，而且至今仍然能够开花结果，泽被后人。苏州博物馆有一个文创产品就是售卖这株紫藤的种子，很畅销，人们买回家种植，又长出新的生命，使得文征明手植的这株国宝得以继续传承。

如果给《国家宝藏》做一个总体评判，我认为通过电视呈现的手段让"国宝"文物"活起来"，改变了人们对于文物、对于国宝的一些固有观念。它们不仅是一件件陈列品，而且是能够让观众感受到"生命"的文化传奇，产生内在的、有温度的连接。这个节目的作用就是让更多人走进博物馆，让公众认为去博物馆是时尚的事情，是有趣的事情，是一件能够进入日常的事情，节目本身并不承担过多的教育功能。当人们被节目吸引，走进博物馆以后，就会有相关的专家学者们发挥各自的专长，提供各式各样的知识产品给公众。参与这个节目，我的思维也在不断拓展，对于文物价值的理解在节目制作过程中也得到不断深化。

相比台前，在幕后工作，我发现专家学者发挥作用的空间更大，主要是能够在文物选择的价值点把握上，学术思维由此参与到节目的制作中。在《国家宝藏》第二季中，节目组在选择广东省博物馆文物时，大家的思路主要集中在海洋文化上，首先选择了"南海一号"沉船上的文物，以及出口海外的清乾隆农耕商贸图外销壁纸。我在策划会上提出，广东的文化是多元的，从地域上分，起码有广府、潮汕和客家三大块，而不只是海洋文化、贸易文化，所以最好再有一件展示广东本土观念和传统技艺的文物，不建议三件文物皆面向海洋。我的意见被节目组采纳，通过和广东省博物馆沟通，选定该馆所藏一件金漆木雕大神龛，它是潮汕人摆放在祠堂中用以祭祖的，是潮汕地区最具代表性的宗族文化的象征，同时从工艺上说，又是久负盛名的潮州木雕的精品之作。这一期节目播出后产生了很好的反响，对广东的传统文化介绍得较为全面，大神龛还入选了本季的盛典。此外，我还参与许多专业知识的把关工作，无论台本还是道具，都要力所能及地提出意见和建议，帮助节目组加以完善。

节目播出后虽然社会公众的反响不错，但有些同行的专业学者会指出一些问题。比如在介绍历史文物时应该讲到哪些知识点，专家学者特别注重知识结构的完整性和逻辑的严密性，但节目制作需要考虑现场效果和环节配合，不是专家觉得重要的内容就一定要传达给观众，观众其实无法接受太多的知识输入，而需要精选出一些重要的信息。我想，我的同行们不必对这一类节目过分苛责，其实我们的专业学科在这些节目播出后是受益的，在扩大学者和学科在青年群体中的影响力起到了十分正向的作用。例如这几年在专业招生中，不少学生、家长反映，受到这些文博探索类节目的影响，扭转了过去对于考古学、艺术史专业特别艰苦、枯燥的印象，报考热度大幅增加。我认为对于大众传播来说，专家学者一定要参与进去，并了解这种传播渠道的制作方式，才能真正有助于生产出好的文化产品。如果专家学者不参与，那么一定有其他的非专业人士进来填充这个市场，有可能就会带来一些次生问题。如果专家学者总是站在外围进行批评，这种批评的作用可能没有想象中那么大。

三、音频节目的知识传播特点与录制应对

在新媒体时代的知识传播渠道中，除了视频端播出的文博探索类节目之外，音频节目也同样很受欢迎。在我所了解的各种在线知识付费应用中，音频作为一种简单的学习模式一直占据相当优势。我从2017年起受相关平台方的邀请，开始涉猎知识分享领域，先后不同程度地参与多个人文艺术类音频课程的策划和录制工作。2018年下半年起，我与《三联生活周刊》杂志旗下的线上知识付费平台三联中读展开合作，在该平台先后推出3门音频课程，分别是小课《有温度的六朝史——从衣食住行说起》(2019年4月上线，已完课)、专栏《八条古道游学中国——给孩子的人文地理课》(2019年9月上线，已完课)、专栏《三国"新"解》(2020年1月上线，笔者负责"文物中的三国"板块，已完课)。

在一般人的印象里，音频的制作相对容易，用专业录音设备

甚至一台手机即可完成录制，后期剪辑难度也较小，但这只是基于技术层面的观察。对于内容生产者来说，最具挑战性的是如何适应场景的转换。像我这样习惯了在教室授课的高校教师，平常面对的是具有一定专业基础的大学生，无需太多铺垫，还可以在课堂上有直接的互动，有助于及时调整讲课内容。而在制作音频时，没有人坐在对面喊停，情绪的调动全靠自己。由于人文艺术类课程在应对考试和提升职业技能方面缺乏显著效用，所以订阅课程的听众大多只是因为"感兴趣"，但兴趣的指向是相当模糊的，加之听众身份背景多样，对知识的接受能力也会有很大差别，因此讲师和平台方必须积极展开调研，对预设的各种可能性进行充分分析，努力寻找到听众多种诉求的最大化交集，取得更好的知识传播效果。

人们在听音频时几乎没有环境限制。据我所知，大多数听众是在开车、运动、做饭这些碎片化时间里收听，几乎不可能做到注意力高度集中。实际上，音频课的独特优势也正是适应碎片化学习方式，但这同样带来了限制，比如一节课时长不宜超过20分钟，甚至在10分钟以内为宜，不太适合设置过密的知识点，也难以表达逻辑层次较多、思辨性较强以及结构复杂的内容。在我看来，音频课并不是课堂教学的在线化，也不是学术语言的翻译那么简单，而是有着独特的话语系统和运用范式，这就需要讲师做出积极主动的改变。

　　基于上述考虑，我在收到三联中读讲述六朝历史的邀请后，选取了从"物"的角度切入。因为相对于宏大叙事，衣食住行的话题更贴近听众的日常生活感受，容易产生共情，我个人认为比较适合音频这种形式，这也是课程主标题定为《有温度的六朝史》的原因。我在这门课的发刊词里说道："我会从衣食住行这样生活的层面带着大家回访六朝，让那个时代的人物和故事，不再飘移在空中，让那个时代的欢乐与忧愁，得以落地。"出品方将课程归纳为"通过66分钟、8节课程的讲述，为听众展开一幅六朝'衣食住行'面面观的市井画卷"。从课程的订阅量和较多正面反馈来看，这项尝试达到了预期的效果。

　　对于文物和艺术品的讨论，当然首先要从观看开始，因此，只用声音描绘难以避免"隔靴搔痒"的尴尬，这就要求讲者去思考如何实现视觉形象合理、准确、生动地向听觉转化。虽然音频平台会在应用界面配上必要的图片和文字说明，但这些只是辅助手段，毕竟不能诱导听众一边开车一边看手机。我的办法是，先不触碰抽象的、概念化的时代背景，直接从自己对某件艺术品的观察讲起，给予关于"物"充分的细节描述，同时传递自己当时的心理感受，由物讲到人，再讲到那个时代。通过"激活"文物，一步步引导听众回到历史的现场，拉近与当年的制作者、艺术家以及观赏者的心灵距离，这正是艺术教育的基本要求，也是我自己一直提倡的历史思维能力。比如我在《三国"新"解》专栏的

"文物里的三国"板块中，每一节课都以一件具有代表性的三国文物开场，把它的造型、性质、功能讲透，以其为线索，以点带面，引出某一个主题，如以弩机谈三国的战争形式，以名刺讲当时的人际交往，以堆塑罐分析丧葬习俗和制瓷技术。这些文物就好比投向历史深处的一束束亮光，我希望课程就是一次次能让听众身临其境的探索之旅。

既然音频的收听没有环境限制，我认为即便不是"刚需"的人文艺术类课程，也不妨让它具备一定的"实用性"，成为陪伴式课程，也就是能将线上学习和线下体验相结合。因此我对课程中所涉及文物的选取，偏重于目前容易看到的遗址和博物馆展品，就是希望听众在条件允许的情况下，能进行实地探访和实物观察。《八条古道游学中国——给孩子的人文地理课》专栏的定位是通过访问中国境内8条历史上发挥过重要作用的古道，探寻沿途的风光和遗迹，从而分享相关的人文地理和文物考古知识。我在讲述中特别注意现场感和镜头感的营建，经常提醒听众从哪个角度、保持多远的距离去欣赏某个古迹或某件艺术品，希望我的音频课可以成为他们在路上的一份指南。

从本质上看，音频还是传统的知识传播形式：单向输出。但我认为在获取资讯如此便捷的时代，学者和公众的关系不应只是我讲你听，而应该越来越具有互动交流的可能性和必要性，学者在传递知识的同时也会获取反馈。我就很注意阅读听众的留言，因为大家具有不同的知识结构和思维方式，在互动交流中彼此都会受益，逼迫我不断拓展思考的边界，不断优化课程的质量，这些收获又会反哺到科研与教学上。

四、问题与思考

对于当今新媒体时代考古文博知识的公众传播，我认为有以下几方面问题值得引起重视。

第一，新技术与旧思路的矛盾，技术的发展日新月异，我们也需要让自己的思路和对文物的解读跟上技术发展。比如2020年初疫情突如其来，各个博物馆纷纷关门谢客，在这种情况下，国家文物局鼓励博物馆把文物陈列在网上，让观众"云游"博物馆。从积极的方面说，这项举措实现了观展自由，但在我看来，毕竟只是权宜之计，因为只不过是把博物馆过去做的文物扫描和数据库搬到网上。如果线上展览只是作为线下的替代品，如果两种观展方式是彼此替代的关系，那么等恢复到正常情况下，大家重新走进博物馆，那么线上受众热情会下降，最后二者就一定会相互抑制，并不能长期共存。我想，在包括VR等新技术如此迅猛发展的当下，文物展示方面的创新应从技术的逻辑出发，找到合适路径，而不只是新瓶换旧酒。

第二，短视频和音频课在当下最火，提供了便捷有效的知识传播路径，但碎片化学习的不足之处也非常明显。短视频和音频课在现阶段呈现的大多是浅层次信息，受众希望得到所谓的"干货"，但被挤掉的也许不是水分，而有可能是必要的搜集、整理和分析过程，远不足以建立起完整、成熟的知识体系，不能培养深度思考能力。就我参与制作的音频艺术课来说，可以算是一种较为灵活的引导，但对听众艺术史知识的系统积累和艺术鉴赏力的有效训练方面是有限度的。

第三，故作深沉和一味卖萌皆不可取。过去很多博物馆展陈时单纯强调宏大叙事视角，普通观众一进博物馆就看到严肃的历史背景介绍，会感到望而生畏，产生距离感和压迫感，提不起观展兴趣，因此我们常常听到身边有人说："我不太了解历史，去博物馆干嘛？都看不懂啊！"但这一现象如今已经有所松动，不少博物馆都意识到历史虽然厚重，但展示的方式却不能沉重。然而，现在有另一种趋势值得警惕，那就是一味卖萌。用文物元素做文创和表情包，是我们这个时代的创新，给大家的生活带来了不少乐趣，但现在过度娱乐化、卡通化的产品，实在是充斥眼球，往往没有深入探讨文物本体的价值内涵，甚至可能曲解这些它们原有的文化价值，也就无法真正将博物馆的资源，转变为国民素质教育的有机组成部分。

第四，"大树底下不长草"。最近几年，《千里江山图》的曝光率特别高，由它衍生出的各种文创产品层出不穷，只要上淘宝搜一下就知道了，近来舞剧《只此青绿》又赢得了不少口碑。但我担心的是，对于青绿山水的喜好和推崇，固然丰富了我们对于中国传统艺术的理解，这在以前是被忽略的一块，但是一窝蜂、同质化的产品又有可能对人的审美意识产生新的束缚，让公众误以为宋代绘画中属青绿山水成就最高，最具代表性，但这显然不是历史事实。如果一个固化的印象被打破，另一个固化的印象却又形成，这是我不愿意看到的。说得直白点，知识传播应该借助媒体，借助市场，但不应被资本和流量所捆绑。

第五，人文学者从事知识普及尚是"单打独斗"的状态。反观自然科学的科普已经非常成熟化，有相应的组织，每年也有许多活动和奖项，但人文学科高度讲求个性，不那么容易被捏合到一起。而我们的大学本科教育，长期是以培养学术研究者为核心目标，实际上本科毕业后学生就会分流，最终走上学术研究岗位的比例很小，那么对于大部分不从事学术研究的学生，是否应该考虑在学到专业基础知识之后，鼓励他们勇于突破学科界限，尝试以各种的创新方式去跨界？我想作为教师，应当给予这部分同学充分的尊重和机会。

总之，考古文博知识在新媒体、新形式层面的公众传播，在中国还处于起步阶段，我想应该给予试错的空间，也要有及时纠偏的意识和勇气。我们应当认识到每一个文化产品的服务对象是不同的，随着公众对于知识服务的要求越来越高，对于知识类型的要求愈加丰富，我们的文化产品需要进一步分级，我觉得其中还有很大的空间，未来可期。

作为一个知识生产者，我一直在思考如何以有意义又有意思的方式把信息传递到公众，面对不同的传播形态和受众，我必须不断变换不同的讲述方式，这是我喜欢面对的挑战。

（此文据2022年4月12日作者在中国人民大学本科生"新媒体时代的历史学"课程授课录音稿整理修订而成。）

第十章　剧本杀中的历史学传播

骆　文

一、剧本杀介绍

剧本杀是深受当下年轻人喜爱的一种娱乐游戏和社交方式。游戏体验整合了戏剧的角色扮演以及"侦探游戏"的逻辑推理，也即"剧本"和"杀"，具有一定的趣味性、竞技性和表演沉浸感。

其中，"杀"是剧本杀的游戏内核，也即"侦探游戏"。这种游戏据说源于20世纪80年代末莫斯科大学心理学系的学生发明，每个参与者随机获得警察、杀手或者平民的身份，流程包括发生"凶案"——讨论"凶案"——揪出"凶手"或"凶手"逃逸。在游戏过程中，"警察"和"杀手"需要互猜身份，因此充分考验口才与逻辑推理能力。

在"侦探游戏"传播的过程中，在核心规则不变的情况下，每个不同的国家和地区都根据各自文化背景"演化"出了新的内容。其中最为人熟知的，是来自美国的"狼人游戏"。这是将美国特有的"狼人传说"与"侦探游戏"相结合，衍生出具有一定狼人文化背景的"升级版侦探游戏"——"狼人杀"。

这种"升级"，极大丰富了"侦探游戏"的内容体验。玩家不再简单地比拼逻辑能力或者辩论口才，还从中获得了女巫、猎人、预言家等角色扮演的乐趣，并且也无形中了解并体验了"狼人文化"。

可以说，"狼人杀"已经在"侦探游戏"的基础上，带有一定程度的"剧本"特点，而从"狼人杀"再到时下风靡的"剧本杀"，更是具有"革命"性质的游戏升级。

在"剧本杀"中，戏剧体验彻底与"侦探游戏"融合，玩家所扮演的人物具有复杂的人物特色与心路历程，以及行为动机和行动目标，玩家需要阅读揣摩剧本，并且忠实于自己的角色身份来参与游戏。与"狼人杀"等一样，剧本杀一般会有一位主持人，这位主持人本身也有一个剧本中的角色，不露声色地引导玩家按流程进行、推动剧情向前发展。

剧本杀的游戏内核虽然依旧是"侦探游戏"，也即其核心任务是要"推凶"（分析案件、推理出凶手），但因为加入了剧情和戏剧扮演，使玩家在过程中获得了相当丰富的游戏体验，包括角色扮演的心理趣味性、寻找凶手推理的竞技性和沉浸其中获得的情感满足。

相比于简单的"侦探游戏"，剧本杀游戏的内容综合而复杂，带给玩家的不再是简单的逻辑推理乐趣，而包括了丰富多彩的情感和互动体验。从玩家的角度来说，对剧本杀的需求也各有侧重，因此剧本杀一般会粗略地分为硬核本、情感本（又称沉浸本）、阵营本、欢乐本、恐怖本等，方便玩家根据需求进行选择。

硬核本侧重于逻辑推理、"推凶"还原，属于最经典的"剧本杀"类型，一般没有太多情感沉浸，而简洁干脆地围绕一个或多个"凶案"展开，玩家集中精力搜集证据、还原现场，最后找出"真凶"。

情感本顾名思义以角色扮演为主，重点体验剧中人物的情感，强调带入角色性格及经历的沉浸式体验。这种类型的剧本杀基本脱离了"侦探游戏"的初衷，而更倾向于戏剧扮演。虽然剧中也会安排"凶案"以及"推凶"环节，但是否能准确找出"真凶"并不重要。玩家主要看重在这个过程中代入角色时的沉浸式情感体验。

阵营本主打新颖的游戏机制，玩家或明或暗会分为两到三个阵营，通过若干竞争机制进行对抗，最后结算阵营的输赢。与情感本一样，阵营本里的"推凶"也不重要，主要通过"推凶"来帮助玩家找到立场、利益一致的队友。阵营本因为最后有输赢，一般竞技性、对抗性比较强。

欢乐本重在营造欢乐的气氛，推动玩家之间的轻松互动，因此既不设置太沉重的情感体验，也不设计过于复杂的"推凶"，竞技性和对抗性也没有那么强。大部分欢乐本文笔轻松幽默，充满想象力，有的甚至比较"无厘头"、搞笑，适合玩家休闲放松。

恐怖本重在营造恐怖的气氛，让玩家们体验紧张、刺激、出其不意的感觉。

从剧本杀的游戏形式上，还可以分为线下桌面游戏、沉浸式实景游戏、线上游戏三种。

线下桌面游戏是最经典的剧本杀形式，玩家围坐在一起，在主持人的带领下阅读剧本、聊天、"搜证"（搜查证据）等。值得一提的是，曾经风靡一时的卡牌游戏"三国杀"，实际上也可以看做广义剧本杀游戏的一种。"三国杀"通过机制进行阵营间的对抗，玩家需要选择一个三国人物进行扮演，每个人物都有自己的"人设"和技能，玩家在争取游戏胜利的过程中，同时也了解、体验了某个三国人物的性格与相关事迹。

近些年，剧本杀也逐渐与实景"密室逃脱"类游戏相结合，发展出"实景剧本杀"。通过实体空间的装修、NPC（非玩家控制角色）的配合演绎，打造更为逼真的游戏场景，有的实景剧本杀还提供玩家的换装和化妆造型等服务，使得玩家更容易融入剧本角色，获得沉浸式的游戏体验。许多综艺节目里让嘉宾进行角色扮演，在景区里进行对抗、解谜等，实际上就是一种实景剧本杀游戏。

线上剧本杀也是近些年出现的一种剧本杀游戏新形式。玩家通过APP连线，线上阅读剧本、聊天、"搜证"，最后在线上投票表决"凶手"。以上种种，均是本文所要探讨的"剧本杀"的范畴。

二、历史学传播视野中的剧本杀

首先必须要说明的是，剧本杀作为一种休闲游戏，并不必须要"肩负"起传播历史学的"重任"。但从"侦探游戏"到"狼人杀"再到"剧本杀"的发展历程来看，这种游戏与一定文化背景乃至历史文化的结合几乎是一种必然。尤其在我国，悠久的历史文化给予"剧本杀"极其丰富的创作源泉。一个突出的现象是，如果按照剧本故事发生年代把剧本分为"古代本"、"近代本"、"现代本"的话，具有中国历史背景的"古代本"和"近代本"几乎占据了中国剧本杀市场的半壁江山，这就必然会涉及到历史知识乃至历史学的传播。

根据传播学大师拉斯韦尔（Harold Lasswell）的5W经典传播模式，传播过程有五个基本构成要素，分别是传播者（who）、传播内容（what）、传播媒介（which）、传播受众（who）、传播效果（what effect）。一个经典的传播模型是，传播者将某些传播内容通过传播媒介传播给受众，从而产生一定的传播效果。如果将历史学通过剧本杀的传播视为一个传播过程的话，传播者可以视作剧本杀的创作者，历史学则是传播内容，剧本杀游戏是传播的媒介，剧本杀的玩家则成为受众，传播效果则是玩家们在剧本杀游戏过程中接受历史信息、了解历史学的效果。

值得一提的是，大部分剧本杀的创作者并没有传播历史学的主观动机。他们大部分本身并不是历史学的研究者，有些可能是历史学爱好者，有些可能只是在写作"古代本"、"近代本"的过程中，有限地查阅相关历史知识及故事背景，目的是创作出一个符合年代特征的完整剧本故事，并不会对其中的历史知识乃至历史学进行思考推敲。但实际上，即便创作者没有动机，他所掌握的历史文化内容还是会在剧本杀进行的过程中传播给受众，也就是剧本杀的参与者们。

因为剧本杀在年轻人中的受欢迎度，也有部分剧本杀的创作者开始主动探索剧本杀与历史学传播的结合。这些探索的发起者绝大多数都是博物馆工作人员，以及部分景区沉浸式剧场工作人员。这些文化教育从业人员具有比较强烈的历史学传播动机，对相应的历史文化知识掌握程度较高，最后完成的作品也大多在历史知识方面十分考究且经得起推敲。而更加难能可贵的是，文化教育从业人员往往会在剧本杀作品里有意识地唤起玩家更深层的历史学思考，从而超越简单知识性的"科普"，达到以史育人的

"教育"目的。

这些有文教专业人员参与的剧本杀往往与博物馆场地进行绑定，也就是"实景剧本杀"，成为博物馆参观的一个特别互动体验。目前上海玻璃博物馆、扬州中国大运河博物馆、洛阳古墓博物馆、长沙博物馆、衡阳党史馆、江门五邑华侨华人博物馆等许多文博场馆都推出了根据本馆文物故事改编的"剧本杀"体验作品。而在博物馆之外，一些地方的宣传部门还推出了红色主题的线上剧本杀游戏，比如广东省共青团联合"百变大侦探"剧本杀APP打造的线上剧本杀《百年风华》。

这些由专业人员创作的、有历史学传播目的的剧本杀非常值得深入探究。从分类来说，这些专业的历史剧本杀往往根据自身场馆空间特性、受众对象特征等有所区别，大概可以分为"解谜类"和"历史体验类"两种。其中，解谜类博物馆剧本杀的主要受众对象为青少年，所传播的内容大多为具体的历史知识，让受众了解一个特定年代、特定领域的历史文化。而历史体验类剧本杀则往往需要受众具有一定的历史学素养，所传播的内容也超出了历史知识，而重在帮助受众体验历史、唤醒受众对历史的深度思考。

"解谜类"剧本杀以扬州中国大运河博物馆推出的《运河迷踪》为代表。这个剧本杀作品主要面向10—15岁的青少年，其初衷是希望孩子们能够通过角色扮演，身临其境地体验、游览古代大运河，从而了解运河的历史和具体知识，能够"边玩儿边学习"。参与者化身监水使者林境，在皇帝染疾的危难关头，护送鲁王沿运河回京担任储君。开始时玩家会拿到一本卷宗，按照卷宗的提示一一破解谜题。在形式上，《运河迷踪》比较类似密室逃脱，用剧本杀的一般分类来说则属于"硬核本"，游戏总共有八个关卡，玩家通关打卡时会被记录下每个节点的选择，最后会有分数和排名。

"历史体验类"的比如江门五邑华侨华人博物馆推出的剧本杀《华埠风云》，这部作品是博物馆研究人员根据真实历史故事改编的，受众需要有一定的近代史知识积淀，因此主要面向成年人。在游戏中，五名玩家分别扮演中国致公党领袖司徒美堂，以及其他几位候选代表。游戏还原了1946年这一特殊的时间节点，司徒美堂先生欲率美洲各地洪门代表回上海参加"五洲洪门恳亲大会"，并与国内各党派商讨国家大事。于是，司徒美堂先生来到美国唐人街，准备挑选一名致公党代表跟随自己回国，同时再挑选一名代表作为纽约唐人街新领袖。经过实景搜证和现场辩论，大家需要选出真正心念家国的两位代表，避免别有用心的人士混进队伍。每位玩家基于自己人物的经历、立场和动机自由发挥，力争实现自己的目的。

在这个过程中，参与者不止简单地"推凶"和解谜，同时也体验和感受到了在某个特定历史事件节点上，不同人物不同的内心世界，体验了真实的历史和历史洪流中每个个体的命运。而在游戏结束之后，博物馆工作人员还会安排真实故事和历史遗存的现场参观讲解，复原真正历史人物所经历的过往。

与以往的历史传播手段如书本、影视作品、历史文物等不同，剧本杀是一种更加丰富而综合的传播手段。所用的媒介包括书本、道具、馆藏文物、搭建的复原场景，乃至音频、视频、网络等等。更重要的是，剧本杀首先是一种新颖的游戏形式，并且大部分剧本杀都有一定的竞技性，使得参与者能够在游戏过程中获得趣味，不会觉得枯燥无聊。几乎所有剧本杀的体验者都是自觉自愿参与游戏的，这和以往的"被动式"、"灌输式"知识传播形成了鲜明的对比。

在此基础上，剧本杀的游戏人数大多在5—8人左右，规模很小，且大多为面对面的双向交流。剧本杀游戏中一般会有主持人（DM）负责游戏的组织推进，主持人了解全部信息，掌握整个传播流程，因此可视为传播学5W经典传播模式中传播者的代理人。在游戏过程中，所有人都能充分展开交流和沟通，每个人的体验都是量身定制的、具有特殊性且对整个游戏不可或缺。这就使得参与者全程必然深度沉浸并积极贡献自己的信息和思考。而一般"讲课式"的历史传播则是单向的，缺乏与受众的实时反馈交流，受众也并不能保证全程"在线"参与。

更为重要的是，剧本杀通过情景再现，让受众回到某个特定的时间节点上，以更具人性化的方式，按照人的真实经历的节奏，真实地体验历史人物当时的处境和所思所想，从而理解历史人物当时的选择、当年的行为。某种程度上，实现了历史学一直倡导的所谓"同情之理解"。这时候受众所获得的历史信息已经远远超出了简单的历史知识，而走入了更为深层次的历史学的思考。

三、剧本杀与历史学的深度融合
——以剧本杀《兵临城下》为例

如前文所述，剧本杀作为在新媒体时代中出现的一种特殊的传播方式，在对大众进行历史学的传播方面，具有以往传播方式所不具有的特性。其中最值得关注和探讨的，莫过于剧本杀能够让受众真实体验在特定历史节点上历史人物的所思所感，从而激发对历史和历史学的深入思考。在这一方面，剧本杀《兵临城下》是一个十分优秀的、值得剖析的范例（图1）。

《兵临城下》的作者之一逆火是这个剧本杀作品的创意发起者，从自述里来看，他的专业是历史学。在创作剧本的时候，作者已经具有了十分强烈的想要让公众了解抗日战争真实历史的愿望。他认为，目前大众娱乐领域从电视剧、电影到游戏中对那段历史的传播和展现大多过于脸谱化，某种程度上无法让公众真正了解到那段厚重历史的真相。而剧本杀的创作，刚好是一个向公众传播历史的契机。

图1　剧本杀《兵临城下》海报

　　作者团队选取了抗战初期"朔县惨案"这样一个真实的历史事件，花了大量时间和精力搜集整理史料，比较真实地还原了1937年9月发生在山西一个小县城里的故事：日军入侵华北，北平、天津相继失守，人们寄予厚望的重镇大同开城投降，朔县周边十一座县城毫无抵抗……日军的下一个目标就是雁门关旁的朔县，劝降书已经送达县政府，七天之后，大军便将兵临城下……

在这样危急的背景下，朔县城中有头有脸的人物集齐酒楼福满楼，共同商讨是战还是降的议题。

可以说，《兵临城下》是一个聚焦"选择"的剧本杀。他让玩家代入历史人物来做出自己的选择，从而真切体会每一个选择的困难、每一个选择背后的牺牲，从而更加贴近历史、实现对当时人的"同情之理解"，进而去感受历史的复杂性、唤起对历史更加深入的思考。

作者特别强调了游戏的背景时间——1937年，抗日战争全面爆发，中国正以羸弱的国力独自承受日本帝国主义的凶残进攻。没有人知道战争的结局会怎样，也没有人知道抵抗和牺牲是不是能够换来希望。因此，作者尤其希望玩家在游戏过程中尽量不要用现代人已知的信息进行判断，而忠实于游戏中通过搜证的"县城流言"所还原的当时人们真实面对的、有限的信息：投降的城池获得了日本人的"优待"，而选择抵抗的城市则遭到惨无人道的屠杀……

决定朔县命运的主要人物有七位，也就是玩家需要扮演的角色，其中三位都是历史上真实存在的，比如朔县县长郭同仁、骑兵团长邵平章、骑兵团副张烈，而三位女性角色县长夫人白玉英、白家小女白玉兰、县中学校长李宛音则是作者团队的创作。

作者团队在塑造人物的时候力求按照真实人物的经历和立场进行还原，避免"脸谱化"。所有的人物不论党派、立场如何，都是有血有肉、有爱有恨、有刚强也有软弱的人，在面对"战"还是"降"的问题上，每个人都有自己的苦衷。而在个人的生命和命运抉择外，他们同时也要决定全城父老的生命和命运。

在流程安排上，游戏全程围绕着三次投票展开，其实也就是三次选择。第一次是在游戏刚刚开始的时候，每个人根据人物既有的经历和立场判断是战是降；第二次选择则是在一位老英雄白生成用自己的牺牲唤醒大家团结抵抗之后，这时候大家的情绪被推到高潮，几乎所有参与者都会选择"战"。

第三次选择比较有意思。作者在大家做出第二次选择后，按照主战的情节继续往后推进，给每个人预演了选择"战"之后真实的结局——面对日军先进的武器，小县城的抵抗根本不堪一击，所有人以及他们所爱、想要保护、在乎的人都十分惨烈地死去，而最令人绝望的是，所有的牺牲看上去根本毫无价值，"仿佛在填一个永远填不完的大坑"……

而正在这时，作者巧妙地以"醉酒，发生幻觉"为理由，把大家重新拉回到日军攻城之前、第二次投票的时间节点上，让大家再一次做出选择，进行第三次、也是最后一次战或降的投票。

这三次选择，其实分别建立在对历史了解和理解不同深度的基础上。第一次选择时，玩家刚刚进入故事，基本上还是会站在现代人的立场、以比较客观的心态进行。而第二次选择时，玩家已经较为深度地沉浸其中，与历史人物有了较深地贴合，基本是对在特定时间节点上人物选择的一次模拟，玩家感受到的，几乎可以说是当时人们真实的感受。到了第三次选择，则是玩家们在知道了历史真实结局之后的反思，玩家这时候某种程度上又回到了现代人的视角，开始审视、深思历史人物当时的抉择。

在这样层层深入、"跳进又跳出"的推进中，《兵临城下》所传播的，既有史实、有"同情之理解"，还有对历史本身的反思。可以说把剧本杀的传播手段优势运用到了极致，是历史学借助剧本杀的形式向公众传播的一个绝佳范例。

四、一些思考

正如上文反复强调的，剧本杀本身是一种休闲游戏，并不必需担负历史学传播的重任，而创作者本身也不一定是历史学专业人士，因此部分剧本中难免出现历史知识的错漏或者史观的偏差，需要有关部门强化监管审查，避免错误历史信息的传播。

剧本杀的本质是一种推理和演绎游戏，任何创作都需要首先满足剧本杀这种游戏本身的潜在要求，这也决定了它在历史传播方面具有局限性。比如，一般来说，剧本杀中必须要出现"凶案"。因为在初始的设定中，每个玩家所获得的信息有限，且不同玩家所获得的信息实际上具有互补性，大家必须在对"凶案"的讨论中，逐渐认清阵营，在玩家之间实现谨慎的信息交换和共享，最后获得故事的全貌。

在《兵临城下》中，就设计了警察局长白生成的"凶案"，围绕对凶案的讨论，逐渐明确每个人物的立场和经历。当然作者非常巧妙地将这个并不太"硬核"的"凶案"设计成了一个推动玩家情绪迸发的体验性事件，但也依然遵循了剧本杀需要有"凶案"的设定。而在实际构思创作中，并不是在每个历史故事里都有或者说能够设计出合适的"凶案"。

剧本杀的另一个潜在的特性是，在大多数剧本杀中，所有人物会划分为几个"阵营"，或者准确地说，所有人物会按照某种特性或者对某个问题的看法分为几个"派系"，即便在非"阵营本"中，这种"派系"的分歧也常常存在，成为推动情节发展、促进玩家辩论及讨论的不可或缺的要素。可以看到，目前市场上的几乎所有历史题材的剧本杀都带有阵营的元素，大部分都属于"阵营本"。比如《兵临城下》里就可以看到"主战"和"主降"两个"阵营"，另一个比较优秀的历史类剧本杀《刀鞘》则聚焦国共两党的斗争。而自带阵营属性的三国题材的剧本杀更是不胜枚举。创作者们比较倾向于选取历史上的战争时期作为剧本杀创作的素材，其中一个重要原因就是容易设计不同的阵营。

大的背景上需要有"阵营"，小的环节上又需要有"凶案"，这就已经限定了历史类剧本杀能够选择和表现的题材有限。

另外值得一提的是，目前大部分剧本杀都是面向成年人推出的游戏，而从历史传播的角度，青少年其实也是一个值得注意和研究的群体。在面对青少年传播时，原先剧本杀的许多设定都需要重新推敲，比如在博物馆实景剧本杀里，尤其是面向未成年人的剧本杀游戏中，"凶案"并不适合出现。这就对创作者提出了新的考验，即需要探索以其他形式的悬念来代替"凶案"推动情节发展、促使玩家交换信息。

像上文提到的扬州中国大运河博物馆的《运河迷踪》是一种比较常见的形式，即以谜题和机关的运用来代替"凶案"推动情节发展，将个人完成的"解谜"而非所有玩家围绕"凶案"的探讨作为获取信息的触发条件。这对于面向青少年的传播是一个十分值得学习的做法。但另一方面来说，这种谜题和机关的破解容易将传播内容限定在单纯历史知识的范围内。如何创作出既适合青少年群体、又有一定历史学深度的历史类剧本杀，依旧是一个值得思考的话题。

后　记

邱靖嘉

　　这本小书从酝酿编写到如今出版经历了三年多的时间，期间我在中国人民大学开设了两次"新媒体时代的历史学"课程，本书内容体系的条理即得益于教学实践的心得体悟。编撰出版的过程并非一帆风顺，遇到过约稿碰壁、缺乏资助等困难，好在有许多师长、朋辈的鼓励支持，使我能够坚持完成本书的编辑工作，最终呈现在读者面前这样一本书。再次向本书各章的作者以及提供支持帮助的师友表示衷心的感谢！

　　我指导的硕士研究生葛楚君、朱红霞曾担任"新媒体时代的历史学"课程助教，承担了多位受邀主讲人的授课录音整理工作。本书收录的第三、八、九章就是在她们的文字整理稿基础上进一步打磨修订而成，在此也向两位同学致谢！

　　本书有幸被列入中国人民大学"十四五"规划教材，不过在联系出版社时却又遭遇挫折。一开始联系的两家出版社皆因本书选题过于新颖，国内其他高校并无相关课程，无处销售，担心没有收益，所以婉拒了出版请求。出版社的这些忧虑我完全能够理解，但这也促使我们思考：在新的时代环境下对于教材开发的重新定位。

　　过去，传统的教材定位为与课程相配套的标准教科书，选课学生人手必备，他们也是教材销售的主要对象，所以只要这些课程开设得越普遍，选课学生越多，教材的销量自然也越大，出版社的盈利也就越多，久而久之便形成了教材发行与预期销量相挂钩的惯性思维，甚至将利润的多少作为衡量教材出版价值的首要指标。然而时代已经发生了很大变化，随着教育体制改革的不断深入，至少在大学的高等教育中，教材作为必备教科书的作用其实是在逐渐降低的。以历史学为例，高校开设的课程虽然有的也会指定某一教材，但只是学生课外阅读了解的参考文献之一，不得要求强制购买，在上课时教师也不会（亦不被允许）照本宣科，大多情况下是脱离（乃至批判）教材，讲授最新知识；而且在新媒体时代，学生已习惯了电子阅读，教材基本上都有电子书，不必购入纸本。因此，近些年来出版社的各种教材销量总体都呈下降之势。在时代发展的洪流之下，出版社若不求思变，仍然固守以前的惯性思维，势必导致原有的课程教材重复建设，浪费资源，而新型课程教材的探索不受重视，缺乏出版动力。

　　窃以为在新的时代环境下，我们对教材的定位应该由课程内容的标准化转变为启发学生自主思考的引领者，打破传统知识灌输式的教科书体系，针对时代之变，结合本学科的特点，提出新议题、新观念和新方法，建立新型的课程组织与教学模式。出版社对于教材的出版，也不能只盯着销量，做一锤子买卖，而要与时俱进，擅于捕捉学术发展与教育改革的新风向，大力支持教材开发内容与形式的创新，追求成果的多元化推广、未来的持续性扩展以及长期的社会效益。

　　在这方面，中华书局无疑走在了前列。书局编辑听说我正在编写一本有关"新媒体时代的历史学"的教材，于是主动联系我，表示对这个主题很感兴趣，愿意出版，我当即欣然应允。责编刘方老师对本书的内容编排十分认可，积极推进出版事宜，仔细地校阅书稿，提出了许多可取的修改意见。谨此向中华书局的鼎力支持和刘方老师的辛勤付出致以诚挚的谢意！

　　　　　　　　　　　　　　　　　　2024 年 7 月 21 日

　　　　　　　　　　　　　　　　　　记于北京回龙观家中